国家出版基金项目

NATIONAL PUBLICATION FOUNDATION

中国出版家丛书

ZHONGGUO CHUBANJIA CONGSHU

陈原 中国出版家

Zhongguo Chubanjia

Chen Yuan

柳斌杰 主编

仝冠军 蔡长虹 张婧 著

人民出版社

出版说明

出版不仅仅是一个充满竞争的商业领域，同时，它也深深打上了"文化"和"思想"的印记。在这个文化场域中，交织着多种力量的动态关系，通过出版物的呈现和出版活动的开展，描绘了一个时代的文化风貌；而回旋折冲于其间者，则是那些幕后活跃、台前无闻的各类出版人。他们自喻"为他人做嫁衣裳"，事实上，却是国家文化传承和历史记录的主要担当者，有出版发展的参与人和见证者甚至称他们所起的作用为保存民族记忆的千秋大脑。虽然扼据出版要津之地，却少见自家行当的人物传记出版。本丛书是第一次规模化地为这个群体中的杰出者系列立传，从一个人到一群人的出版事功中，折射出近代以降出版业的俯仰变迁，同时也见证着出版参与时代文化思想缔构及其背后深广的社会历史内容。那些曾经彪炳于时的出版人，一方面安身于这个行业，以其敏锐犀利的时代洞察力，在市场、经营与创意中躬行实践，标领乃至规划了这个行业的发展，并使之成为国民经济的一个重要门类；另一方面又在"安身"之外，显现出面向社会的公共性关怀与"立命"的超越性关怀，从职业而志业的追求中，服务于民族解放、思想启蒙与文化进步的社会性经营，书写了出版人生的风采、风骨与风流。

本丛书所传写的 30 余位出版人，均为活跃于 20 世纪并已过世的出版前辈。中国古代也曾涌现了陈起、毛晋等出版大家，只是未纳入本书的传主范围。丛书在体例上，有单人独传与多人合传之分，但这并不必然意味着对传主出版贡献及其历史地位的轻重判别，许多情况下的数人合传，乃困于传主史料的阙如而不得已的选择，某些重要出版人如大东书局总经理沈骏声、儿童书局创办人张一渠等，也囿于同样情形而未能列入本丛书的传主名单，殊觉憾事。虽说隐身不等于泯灭，但这个行业固有的幕后特征多少带来了出版人身份上的隐而不显、显而不彰。本丛书的出版，固然是想通过对前辈出版事迹的阐幽发微、立传入史，能让同样为人做嫁衣者的当今出版人不至于觉得气类太孤，内心获得温暖，并昭示后来者在人生目标上，在家国情怀上，在出版境界上，追步于前贤，自觉立起一面促人警醒自鉴的镜子；同时更希望通过一个个传主微历史的场景呈现，让更多的人认识到出版在产业之外，更是一项薪火相传的社会文化事业，它对时代文化的接引与外度，使其成为一种任何人都不可忽视的"势力"，在百余年来的社会发展进程中，发挥了不可替代的作用。

故此，我们推出这套"中国出版家丛书"，以展示中国文化创造者的风采，弘扬他们的优良传统和崇高的职业精神，发掘出版史史料，丰富出版史研究和编辑史研究。

"中国出版家丛书"编辑委员会

人民出版社编辑部

二〇一六年四月

目　录

前　言

　　陈原曾打趣地称自己为一个"界外人。何谓界外人？就是说，这种人很难界定他属于哪一界。或者他根本就不属于哪一界"。作为一名知识分子，他一生在文化领域与社科领域涉猎广泛，且均取得杰出成就，将他的学识和成果归到任何一类都不能代表他的整体成就：作为在中国推广世界语的先驱之一，他于 1987 年入选国际世界语荣誉监护委员会委员；作为翻译家，他的《列宁在一九一八》、《我的音乐生活》等作品脍炙人口；作为新音乐运动的积极参与者，他编印的《战地新歌》曾一度风靡大江南北；作为地理学爱好者，他一生编译了十几种地理学著作；作为著名的语言学家，他填补了我国社会语言学学科的空白；作为一名出版单位管理者，他延续了一个百年出版品牌的价值与地位。若一定要将所有成就归集于一点，那对陈原的定位就是一位杰出的出版家。他人生的轨迹都是与推进民族进步的出版活动紧密相联。如沈昌文先生所概括，陈原为介绍"新思潮"而鼓励学习外语，为反对投降主义、研究"现代变化的世界"而写地理，要批判极左思潮而"一头扎进语言现象和语言学的海洋"。也正如他在一本自传性的集子中所说,"我这一辈子只同书打交道,我记下的只是跟书以及由书及人有关的实事和断想"。

纵观陈原在中华人民共和国出版事业中的贡献,可大致概括为六点:

一、通过对张元济的再发现和再评价,提出报国之心和人文精神有机结合的出版理念。他在《一个爱国智者的思路历程》中说:"世人都知道新文化运动的先驱蔡元培,却很少知道毕生与他相濡以沫的张元济;世人无不知道'百日维新'的六君子以及亡命异国的康梁,却不大记得在此役中被革职永不叙用的张元济;世人印象中总是把中国近代第一家出版机构商务印书馆跟王云五的名字联想在一起,却很少有人记得创业诸君子中有个学者兼企业家张元济。至于在文化史、思想史、出版史或爱国运动史的论述中,更少直接提到张元济。"而陈原则拂去历史的尘埃,重新为我们找回了一度被别人身影遮蔽了的张元济。在《张元济年谱》一书的序文中,陈原认为张元济不只是一个有远见、有抱负、有魄力、有管理头脑的中国近代出版家,而且是一个承继了中国知识界几千年来忧国忧民、救国救民优良传统的爱国知识分子和思想家。"编教科书——编工具书——整理古籍——介绍西学:通过这样的四位一体出版行为以振兴中华,这就是张元济和蔡元培经过痛苦的探索得出的一条路,一条知识分子为民族解放献身的路。"而陈原本人的出版生涯也正是大致遵循着这样的一条道路:编辑地理学、世界语等学科教材以开启民智,编撰《现代汉语词典》等工具书服务学术,规划《汉译世界学术名著丛书》以引进西学,等等。陈原在晚年不断寻觅"具有独立人格和进行独立思考的真正的人",

通过对张元济的再认识和再评价，他又找到了邹韬奋，找到了胡愈之，找到了出版的意义所在，找到了出版人的理想与信念所在。

　　二、保护《现代汉语词典》，参与国家工具书出版规划。陈原早在 20 世纪 40 年代初就编写了两本实用性质很强并略带工具书性质的书籍——《外国语文学习指南》、《英语分类词汇》，这为他今后在商务印书馆主持工具书编写工作奠定了基础。出版史上的一部经典之作《现代汉语词典》，于 1956 年被立为国家项目，1958 年年中正式开编，1960 年以"试印本"形式广泛征求意见，至 1965 年完成并送审，但直至 1978 年才正式发行第一版。它的最终成功面市，陈原功不可没。1972 年，从干校调回后，陈原作为国家出版局领导小组的成员，被派到中华书局、商务印书馆联合办事处主持工作。由于主张重印"文革"前编写的《现代汉语词典》，遭到"四人帮"攻讦。1974 年 3 月起，姚文元借"燎原煤矿评论组"为词典提意见为由头，发动了一场针对《现代汉语词典》（试行本）的批判运动，称其为"封资修大杂烩"、"大毒草"，意欲将它毁成纸浆。面对严峻形势，陈原悄悄把已印好的《现代汉语词典》（试行本）封存在库房里，待形势略为好转，便以供批判研究的名义赠发各学术研究机构作内部发行，直至 1978 年正式出版。这在当时是冒着极大政治风险的。1975 年前后，在周恩来总理的支持下，由陈翰伯先生主持，制定了一个词典工具书的出版规划，陈原全身心投入其中，并撰写了《划清词典工作中的若干是非界限》，明确提出工具书编写工作要摆脱极左的政治色彩，为那个时期工具书的编写指明了方向和方法。陈原为繁荣我国辞书出版工作所作出的重要贡献，历史是不会忘记的，人民也不会忘记。

　　三、主持规划《汉译世界学术名著丛书》，助力新启蒙运动。新中国成立初期，党和政府就倡导出版界积极翻译出版国外经典的社会科学著作，当时在人民出版社工作的陈原连同戴文葆、史枚两位一起，开始草拟翻译出版规划，涉及图书两三千种、文字量一亿多字，这便是之后享誉国内的《汉译世界学术名著丛书》的前身。随着 1958 年商务印书馆恢复业务经营，由陈翰伯主持工作，并确定以翻译出版外国学术论著为主要任务，这个庞大的翻译出版项目便转给了商务印书馆，但陈原依旧参与其中，制定了一个涉及 1614 种图书的庞大规划。"文革"前这个规划仅零散地出版了几种。直到 1979 年陈原主持商务印书馆，他才有机会延续自己二十年前未完成的工作，先是清理了之前已印刷的单行本，亲自定名为《汉译世界学术名著丛书》，并规划、指导具体的编译和出版工作。这套丛书在选题方面涵盖西方社会由古至今在哲学、政治、经济、历史等各个方面的学术著作。为保证出版物的学术品质，陈原先生更是将当时文化界、学术界已饱受煎熬的一批著名学者、专家召唤到这套丛书的编译工作中，为文化学术活动在"文革"前后得以延续作出实际的贡献。《汉译世界学术名著丛书》已陆续出版四百余种，此举堪称"文革"后的新启蒙运动。1982 年，当这套丛书开始刊行时，陈原先生不无感慨地说："这许多书的作者都是一个时代、一个民族、一个阶级、一种思潮的先驱者、代表者，他们踏着前人的脚印，开拓着新的道路；他们积累了时代的精华（当然有时亦不免带有偏见和渣滓），留给后人去涉猎，去检验，去审查，去汲取营养。"这套丛书也为商务印书馆奠定当代学术出版大社、名社地位打下了坚实基础。1984 年，陈原先生被调离商务印书馆，到中国语言文字委员会主持工作，但他仍兼任商务印书馆的顾问，继续落实外国学术名著的出版规划。

　　四、创办《读书》杂志，开辟"独立之人格"和"自由之思想"的文化园地。1978 年党的十一届三中全会之后，如何让文化界、学术界和出版界这潭死水重新清澈并激起波澜，是包括陈原在内的许多出版人共同思考的问题。陈原和几位挚友商量创办一本新刊物，如他自己所说："噩梦终于醒过来了。真理标准的讨论扣人心弦，扭转乾坤的全会开过了，破晓了！该有一个园地，让读书人抒发他们的情怀；不是个人的恩怨，而是呼唤被压抑或被歪曲了的良心。园地在哪里？办杂志。办一个讲真话的杂志。办一个不讲'官话'的杂志。开垦一个破除迷信，破除偶像崇拜，有着'独立之人格'和'自由之思想'的园地。不讲大话，空话，套话，废话；不崇尚豪言壮语，不夸夸其谈，不随风倒，也不凑热闹，保持冷静客观头脑，独立思考。不把自己装扮成为人师表那样的道貌岸然，自然、朴素、平等，完全可以发表不同意见，但是杜绝棍子！"《读书》杂志于 1979 年 4 月 10 日创刊发行。2004 年，沈昌文先生回忆说："《读书》创办时，是属于国家出版局政策研究室的，机构则放在人民出版社，出版名义是生活·读书·新知三联书店（当时不是独立机构，仅有一名义而已）。的确，这一来，出版界的各路英雄豪杰很大一批集合在一起了。"欲让国家在浩劫之后重生，欲让思想在沉寂之后苏醒，杂志创刊的目的应是先唤醒读书人的良知和思想，"《读书》是读书人办给读书人看的杂志"。刊物定位于以书为中心的思想文化评论，内容以评述文化现象和社会思潮为主，涵盖文史哲等社会科学，以及建筑、美术、影视、舞台剧等艺术形式的评论，略带部分自然科学内容，杂志的主要支持者与撰稿人大都为当时学术界、思想界、文化界有学识、有影响的知识分子。几位杂志创办者更是将自己压抑已久的激情全部倾注在了这本刊物上。在创刊号中，一篇名为《读书无禁区》的文章更是引起各界人士的广泛关注和激烈讨论。1999年，陈原先生回忆起那段创刊时的洗礼时说道："《读书》不是在暴风雨中诞生的。《读书》是在龙卷风过后，穹空露出一角蓝天的日子里诞生的。它好不容易熬过二十年。这二十年是富有魅力的二十年；同时也是荆棘丛生的二十年，风霜雨雪的二十年。但毕竟是充满希望的二十年。如今《读书》长成了，壮大了，在读书界生了根。然而它起步和学步头几年的人和事，却长埋在我的深层记忆里永远抹不掉……二十个春秋，它走过的路决非平坦，但它毕竟走过来了。《文心雕龙·知音第四十八》云：知音其难哉！音实难知，知实难逢……"

五、务实尽责，定立出版岗位职责，树立新中国出版管理新思想、新作风。1949年后，新中国出版业面临困境，而党和政府又亟须通过出版物向人民宣传并展示一个全新国家的社会面貌。中华人民共和国成立伊始，就先行成立出版总署，可见党对出版行业的高度重视，而新的人民政府开始采取各项措施不断强化国营出版力量，并逐步开始对私营出版业进行改造，直至1956年中，对出版业包含发行业和印刷业的社会主义改造工作基本完成。与此同时，对新中国出版业的行业规范和要求成为出版业界各层面需要面对的问题。陈原先后在三联书店、世界知识出版社、人民出版社、国际书店等出版机构工作，延续着自己的写作与编辑生涯，继续发挥着自己的才智与热情。1952年，陈原被任命为国际书店的副经理，年末又被任命为人民出版社第二编辑室主任，他的管理能力与务实敬业得到全社上下的认可。在人民出版社工作期间，陈原直接负责拟定了一些编辑工作制度，在出版社日常管理和业务流程管理的建章立制方面也是贡献良多，直到1957年开始担任文化部出版局副局长，他对于编辑出版的制度建设始终高度关注。在担任出版管理单位领导期间，他把自己一线工作的经验总结概括，逐渐完善了行业规章制度。在此期间，他与胡愈之先生等人逐渐建立起深厚的情谊，作为上级领导的胡先生的很多想法和建议对陈原的具体工作有诸多指导。"文革"到来以后，中国的出版工作全面停滞，陈原潜心进行语言学方面的研究，直至 70 年代末被调回商务印书馆，之后被正式任命为总经理、总编辑、党委书记。在他的带领下，商务印书馆开展了一系列轰轰烈烈的出版工作。历经半个多世纪的出版实践及出版行政管理工作，陈原先生逐步形成了自己独特的出版管理思想，包括出版规划管理、出版质量管理、国际合作出版、传播新科学新技术等现代化的管理思想。他十分善于以管理者的角度思考并研究出版工作，常说的话是，一个出版社的品牌一定要有特点，"人无我有，人有我新，人新我特"，严谨出版内容，严控出版流程，严把出版品质，平衡出版物的市场效益和社会效益。由此观之，他在一定程度上已经提出了出版产业化的理论，并积极实践之。同时，尊重人才、培养人才也是他做好管理工作的重中之重，他开办编辑培训班，举办各类讲座，让年轻编辑积极参加各类学术活动，等等。

六、与时俱进，重视科技革新，20 世纪 80 年代后将信息化积极引入国内出版业。在陈原看来，作为一名出版人要懂得时刻与时俱进，善于接受新思想、新观念才易于转变传统观念。1984 年，他调离商务印书馆，到中国语言文字委员会主持工作，开始深入研究语言学，并致力探索语言学与出版更为内在的联系。在自己的论著中，他谈论申农的理论，言及语言信息的"比特"，并勇于提出自己的独到见解，"语言作为'信息'同申农信息论中所处理的信息是不完全一样的，不一样就在于语言的社会性，用纯自然科学的方法（包括统计物理学的方法）去分析社会语言，往往会得出超社会的结论。我的社会语言学体系与西方社会语言学体系不同的根本点，也就在于此。"陈原说自己是中国出版业较早使用电子计算机的出版人。20世纪"80年代初，以电子计算机为标志的新技术革命对出版工作会引起什么样的后果，许多出版工作者还不甚了了。作为出版家，陈原一直关注新技术革命对出版工作的影响，他在多种场合就'新技术革命对出版工作的挑战'这一专题发表演讲，为出版界做信息革命的启蒙工作"。他还出访世界各地，参加关于出版工作电子化的会议。根据于淑敏老师的记述："陈原先生在研究社会语言学的过程中，接触了系统论、信息论和控制论思想。他把'三论'思想的精髓贯注于出版工作中，对出版工作既作为普通信息论的对象，又作为控制论对象来考虑。这两个不同的考察方式又有机地联系在一起，深刻地揭示出版的系统性质，以及多方面的属性和复杂的关系。"此外，"陈原认为，出版工作是一个非常复杂的系统工程，通常都把出版—印刷—发行这三个子系统作为这个系统工程的基本模式。在这个系统工程中，每个子系统的运转，必须同前一个和后一个子系统协调一致，而且应当力求协调得完整无缺"。在商务印书馆创办《馆讯》，是陈原先生现代化信息管理意识在出版工作中的最早体现。早在1979年8月18日主持召开的第一次总编会上，他说道："有个工具或媒介，向全馆同志及时沟通情况，即所谓上情下达，下情上达，外情内达，以便吸引全体同志把力量往一处使。因此决定每逢星期一出版一期《馆讯》。"1979年8月20日第一期就如期出版（后改称第X号），由总编室负责人定稿。头两年每期印出后，陈原都批注意见退给编者，提醒他们注意改进。"最初几期，连编校者也看不起《馆讯》，实践证明，愈来愈吸引读者包括上级机关的读者，……上上下下都喜欢这个工具，因为它信息多（没水分，没废话），字数少（一目了然），有倾向性（即有指导意义）。"从现代信息论的角度来看，这一内部媒体实际就是一个信息管理与反馈系统。

今时今日，为陈原先生作传既是一件缅怀先辈的荣幸之事，又是一件备受压力的事情，同时还是一段"洗心革面"的旅程。压力主要来自陈原先生生平阅历的丰富、思想的灵动、学识的广博与现存资料的零散、作者把握能力的不足、撰写时间的紧迫之间的矛盾。陈原先生自传性的文字大都集中在《我的小屋，我的梦》、《隧道的尽头是光明抑或光明的尽头是隧道》等仅有的几本行文流畅、文笔飘逸的小书中，虽然读来如坐春风，却是信笔由缰的性情之作，许多细节还有待我们透过文学性的描述去深入挖掘。目前关于陈原先生的系统研究还不多，虽也有学者就此呼吁过，但目前为止，我们甚至找不到一个权威的、详细的陈原先生的年谱。不过勤能补拙。我们面对累积成堆的资料，渴望在其中搜寻到关于前辈一切有价值的内容，生怕遗漏任何一段有意义的语句，特别是翻开一本本已经枯黄绝版的旧日书籍，淡淡的霉变之味让人瞬间沉醉在历史的波澜之中。说"洗心革面"，其意在于，陈原先生如一面镜子，以人为镜可以正衣冠，我们在阅读材料的过程中，看到他时时提及编辑的修养，一次次为其人格和境界所打动，这又一次次"逼迫"我们反观自身，反观当下的出版业和出版人。在陈原先生离去近十年之际，我们谨期待通过对此书的努力，让同业者强化出版者的责任和信心，在嘈杂的文化市场中找到自己的价值归宿。

第一章

青青子衿家国梦

　　鸦片战争一声炮响，惊扰了中华帝国这头东方雄狮的睡梦，却并未惊醒被这千年迷梦笼罩着的绝大多数国民。只有零星的先知先觉者，看到封建体制的种种弊端，看到国民精神的萎靡不振，看到社会阶层的僵化凝滞，在令人窒息的铁屋中发出几声急迫的呐喊。陈原的同乡、广东新会人梁启超，把希望寄托在少年一代的身上，写出了激情飞扬、脍炙人口的《少年中国说》："今日之责任，不在他人，而全在我少年。少年智则国智，少年富则国富，少年强则国强，少年独立则国独立，少年自由则国自由，少年进步则国进步，少年胜于欧洲，则国胜于欧洲，少年雄于地球，则国雄于地球。"但殷勤的期望并没有换来热切的响应。

他们忧心如焚，却又徒呼奈何！鲁迅先生用不无悲凉的笔调，描述他们这些清醒者的落寞心情："凡有一人的主张，得了赞和，是促其前进的；得了反对，是促其奋斗的。独有叫喊于生人中，而生人并无反应，既非赞同，也无反对，如置身毫无边际的荒原，无可措手的了。这是怎样的悲哀呵，我于是以我所感到者为寂寞。"（《〈呐喊〉自序》）这种先行者的寂寞与孤独，是今人难以感同身受的。

如果说梁启超的梦想是新建一个少年之中国，使之屹立于世界强国之林，鲁迅的梦想是改善全体国民之精神，塑造一个奋发向上之民族，那么到了20世纪30年代，这些梦想的实现看起来也并不是痴人说梦。国家统一了，教育进步了，和平有望了，"德先生"和"赛先生"也被请来了，我们所缺的似乎只是时间了……可偏偏造化弄人，卢沟桥的一声枪响，打破了国人的富强梦，抗日救亡、民族生存转而成为中华儿女的首要任务。

1918年出生的陈原，那时正在中山大学工学院就读，有了属于自己的小屋，也有了属于自己的梦："这是我最初的小屋，最初的梦。少男少女爱做梦。多少个美丽的梦在这里升起，有的梦后来圆了，有的梦却幻灭了，仅仅留下一些值得回味的记忆。那是我们民族生死存亡的岁月，虽则小屋充其量只容得下五六个人，可是它充满着希望，悲愤，激情，欢乐，烦恼，以及永远不会消失的最高贵的战斗情谊。救亡运动，学生运动，世界语运动，拉丁化新文字运动，还有歌咏，戏剧，绘画，创作——百川归海，通通都跟民族解放连结在一起。"①纵观陈原1949年以前的人生轨迹和出版活动，可以发现民族解放是

---

① 陈原：《我的小屋，我的梦》，浙江文艺出版社2005年版，第8—9页。

贯穿其中的一条主线。无论是由于深感民智不开而积极投身文字改革运动，还是另辟蹊径编选出版一部部歌集，无论是热心著述和翻译工作以引进新思想，还是投身出版事业传播先进文化，其核心或说主线，都是对民族和国家深深的热爱、殷切的期盼、美好的追求，都是陈原的个人之梦与国家民族之梦的融合。这个梦不仅仅贯穿在 1949年以前，甚至贯穿了陈原的一生。

一、语言救国梦

在自己最初的小屋里，陈原编织着自己的语言救国梦："青年人在这小屋里学会世界语，青年人在这小屋里学会北方话写法拉丁化新文字，又有多少人在这里研究制定广州话写法拉丁化的方案。我在这小屋里做着'语言梦'。我和我的几个知友都在做语言梦。我的小屋曾把西班牙内战时期出版的世界语杂志《人民战线》传播到别的城镇，因为我是这个杂志的中国代理人。……我们也应该办这样一个杂志……每个月就出现了一份取名为《走向新阶段》的世界语刊物。"①

一个理工科的大学生，却汲汲于文字改革运动，乍一看不合情理，但从中国近现代的历史来看，则合情合理。因为近代以来的任何一次语文改革运动，都不局限在单纯的语言文字范围之内，都必然从语文外溢至整个社会生活，进而引起整个社会的变革，影响历史的进

---

① 陈原：《我的小屋，我的梦》，浙江文艺出版社 2005 年版，第 10—11 页。

程。"历次的语文运动——从'五四'时代的白话文运动（文言文白话文大论战），注音符号运动（某一方面的汉字改革），大众语论争，直到拉丁化新文字运动，无不带有寻求民族解放道路的色彩——或者说，都同当时的民族解放运动息息相关。"① 在多年后的一次演讲中，陈原这样来概括中国语文的历次改革：

> 从上个世纪末到二十世纪前半期，大部分中国知识分子几乎不约而同地推断出如下的逻辑公式：
>
> 国运危殆由于国力衰弱——
>
> 国力衰弱由于民智不开——
>
> 民智不开由于教育不兴——
>
> 教育不兴由于读书艰难——
>
> 读书艰难由于汉字难学。
>
> ……所以中国语文在二十世纪的命运就是改革！广义的文字改革：温和的改革（注音符号）或彻底的改革（废弃汉字），字形的改革（简化）和文体的改革（白话文）。

文字改革完全不是一股风，而是那一代知识分子最真诚的愿望和最热心的行动。有极端保守的，但这是极少数——远的有林琴南，近的有吴宓。除了本世纪最后二十年改革开放时期，差不多在漫长的年代里，几乎所有社会活动家、政治家、文学家、科学家、教育家，甚至进步群众都无一例外参加了广义的文字

---

① 陈原：《隧道的尽头是光明抑或光明的尽头是隧道》，商务印书馆 2002 年版，第 184 页。

改革运动。这在世界历史上是无可比拟的，或者说是"史无前例"的。[①]

（一）拉丁化运动的鼓吹者

十月革命后，苏俄掀起了一场被列宁称为"东方伟大的革命"的文字拉丁化运动。在其影响下，为了加速当时远东地区 10 万中国工人的扫盲工作，莫斯科劳动者共产主义大学的"中国问题研究所"开始研究中国文字的拉丁化问题。瞿秋白、吴玉章、林伯渠等中国人参与其中。1929 年 2 月，瞿秋白在郭质生的协助下拟订了第一个中文拉丁化方案，并在 10 月写成一本小册子《中国拉丁化字母》。"这样做源出于一种传统的信念，即'国之兴亡，匹夫有责'，认为知识分子肩负着开发民智、拯救中华的重任，是故二三十年代的爱国的知识分子，热心提倡拉丁字母拼写汉语，将群众从繁难的汉字学习中解放出来，以便迅速获得知识，提高素养。"[②]

1933 年 8 月，焦风（方善境）从苏联出版的世界语杂志译出《中国语书法之拉丁化》一文，在孙师毅主编的《国际每日文选》中印行，同时叶籁士在其主编的世界语刊物《世界》（*La Mondo*）中加以宣传，拉丁化新文字运动如雨后春笋般在全国主要城市如北平、上海、广州等地生根开花。而身处岭南的陈原，受到了这场运动的深刻影响，并积极投身其中。在陈原看来，"拉丁化运动是三十年代救亡运动的一

---

① 陈原：《中国语文（汉语）面对二十一世纪》，载《界外人语》，商务印书馆 2000 年版，第 140—141 页。

② 陈原：《我的小屋，我的梦》，浙江文艺出版社 2005 年版，第 35—36 页。

个分支，或者说是一个重要的组成部分。为了救亡，必须动员民众；而文盲是与政治无缘的，列宁说过，文盲不能建成共产主义。其实文盲也不能发展资本主义。扫除文盲，必须找到一个犀利的工具，当时有识之士认为，这个犀利的工具业已找到了，那不是别的，正是中国语写法拉丁化新文字"①。鲁迅在《门外文谈》中也关注到了这场运动："文字在人民间萌芽，后来却一定为特权者所收揽。……社会改变下去，学习文字的人们的范围也扩大起来，但大抵限于特权者。至于平民，那是不识字的，并非缺少学费，只因为限于资格，他不配。而且连书籍也看不见。……对于文字，他们一定要把持……我们可以研究一下新的'拉丁化'法。"

正是在这样的大气候中，广州北新书局出版的刊物《读书周报》，在 1935 年 8 月份刊登了一组五篇文章，开始积极介绍拉丁化新文字运动。五篇文章中有四篇署名"叶山"，这是陈原当时的笔名。"我在这家周报发表文章用笔名'叶山'，叶山是日本人的一个姓，我那时正热衷学日文，读过'叶山嘉树'这位作家的一篇文章，不知如何就'截取'了叶山两字作为笔名。"②《读书周报》的主编厂樵，在这组文章的开头，写下了这样的按语：

　　叶山先生写一封信给我，提出汉字改革的问题来，希望我对这个问题发表一些意见。可是，惭愧得很，我对这个问题没有什

————————

　　①　陈原：《隧道的尽头是光明抑或光明的尽头是隧道》，商务印书馆 2002 年版，第184 页。

　　②　陈原：《隧道的尽头是光明抑或光明的尽头是隧道》，商务印书馆 2002 年版，第181 页。

么研究。实在也无话可说。他的书信，大概是希望我发表于本刊《信箱》的，我却因为这问题必须公开地讨论，所以移到这里发表了。我恳切地希望本刊的读者诸君对这问题发表意见，使这问题得到正确的解决。

厂樵

八月二日

《读书周报》主编把这样一封谈论语文改革的读者来信放在头条的位置，一方面说明当时大众语 / 拉丁化运动声势之浩大、影响之深远，另一方面说明这场语文运动与当时的救亡大业密不可分。当时的广州正处于军阀陈济棠的统治之下，因此刊物主编厂樵只能隐晦地点明主旨："我以为，前进的知识分子应该努力去研究这一个问题：拉丁化运动。研究之后，还有更重要的任务，你说是么？"所谓"更重要的任务"，其实就是抗日救亡运动，就是民族解放运动。在 1935 年 9 月 1 日出版的一期《读书周报》上，陈原的大学同学杜埃，在《活的语言与拉丁化》一文中进一步做了点题：

> 我们关于语言改造运动，是不能完全持主观的态度的，语言的改造运动必须与整个的社会经济生活之创造的运动紧密地联系，这样，才不致陷入文化主义的泥沼里去。[1]

"整个的社会经济生活之创造的运动"，指的就是社会革命，指的

---

[1] 陈原：《隧道的尽头是光明抑或光明的尽头是隧道》，商务印书馆 2002 年版，第185 页。

就是抗日救亡运动、民族解放运动。除了积极在杂志撰文介绍拉丁化运动之外，陈原还和夫人余荻一起编写了《广州话新文字课本》，由中国新文字研究会广州分会于 1937 年 4 月出版。署名用的是两人合取的笔名"荻原"。广州话新文字方案于 1936 年 10 月 5 日公布，陈原夫妇主编的这本教材，主要是提供给师资训练班来用。

（二）世界语运动的推动者

而陈原参与更多的一项语文运动，则是当时轰轰烈烈的世界语运动。世界语是 1887 年波兰的眼科医生柴门霍夫（L．L．Zamenhof）博士创造的国际普通话，因其简单易学、逻辑性强、易于上口而富有表现力，被逐步应用到政治、经济、军事、出版、旅游等各个领域。为了推广这种中立的国际普通话，国际上成立了许多世界语组织，包括中国在内的近百个国家也相应成立了世界语组织开展世界语学习、研究、宣传、推广活动。

19 世纪末 20 世纪初，当世界语传入中国时，古老的中华大地"大厦将倾，群梦未醒，病者垂危，方药杂投"（张元济语）。在"五四"新文化运动爆发前后，世界语是作为一种新思潮被知识界接受的。最早在中国传播、教授世界语的，主要是社会改造家，其中包括无政府主义者、社会主义者、乌托邦主义者，以及许多向往自由、追求平等、渴望公正的正义人士。"教育界和语言学界支持世界语运动的最初一批学者，也都是界里的改革派：教育界有提倡普及教育以拯救中华的先行者（如蔡元培），语言学界里则是力图把文字还给大众的文字改革家（如赵元任）。可以概括地说，百年来世界语在中国的传播，跟社会改造事业是紧密地连结在一起的。这是中国世界语运动跟东西各国不同的最显著的特征，也是世界语运动在中国能够持续百年而不衰的重要原因之一。"[1]在第一次国共合作时期，革命力量在国民革命的策源地广州创办了一系列讲习所，除毛泽东主持的农民运动讲习所之外，就有世界语师范讲习所。而在北平，一群知识分子创办了一所世界语专门学校，蔡元培担任校长，鲁迅曾在这里执教。

1931 年，陈原从开明书店的《中学生》杂志上，读到了索菲的一篇介绍性文章：

> 我读完十分兴奋：啊！原来世界上竟有这么一种语言。我那时只觉得世界语是寻求知识的极好的工具。这篇文章诱导我加入上海世界语学会主办的函授学校，其后又报名参加广州市立世界语讲习所。讲习所是晚上上课的，教师是前清时首批留法的许论博老先生。我读完六个月，毕业考试只剩下我一个人，还得了一张市教育局颁发的毕业证书。[2]

1932 年，叶籁士在上海主编世界语刊物《世界》，发起世界语运动。不到 15 岁的陈原经常给这个刊物投稿，和叶籁士通信。1934 年，余获师范毕业就当了小学教师，1934 年入李泝先生主持的崔氏法世

---

① 陈原：《〈世界语在中国一百年〉代序》，载侯志平：《世界语在中国一百年》，中国世界语出版社 1999 年版。

② 陈原：《我与开明书店》，载《陈原出版文集》，中国书籍出版社 1995 年版，第 440—441 页。

界语班，得到荷兰崔氏世界语学院初级证书。到了 1936 年，陈原和广州市立世界语讲习所谈好，和余荻以及大学同学洪桥一起，主持了世界语 1936 年暑期班。暑期班每天下午上课两小时，持续两个月之久，每次由陈原先用直接教学法授课一小时，接着由余荻教唱世界语歌曲一刻钟，然后由洪桥教三刻钟的语法。语法是陈原和余荻编的，打印则由余荻和陈原的弟弟容斯负责。参加这个暑期班的大半是进步青年，许多人后来都参加了抗战工作。

为了配合世界语的推广工作，陈原开始了编印报刊的工作，从此踏入了出版界。1935 年，陈原和余荻等人一起，以太阳出版社的名义，翻译了十个诗人的十首诗，作为"世界语中文对译详注文库"的第一种出版发行。这十个诗人和他们的作品是：

1. 德国海涅的《罗莉莱》
2. 苏联白德内依的《基督复活了》
3. 保加利亚斯米能斯基的《是黎明了》
4. 英国拜伦的《心的夜》
5. 德国歌德的《荒野的蔷薇》
6. 苏联倍兹敏斯基的《社会主义》
7. 俄国莱尔蒙托夫的《帆》
8. 日本依井迁的《青年歌》
9. 保加利亚流宾的《不管一切》
10. 法国魏朗的《秋之歌》

这本油印的小书定价一角钱，印行了一百本，虽然基本上都卖了出去，却没有收回本钱，因此也就没有继续下去。

（三）踏绿社与踏绿者

这一年的10月20日，中山大学的学生团体踏绿社召开社员大会，改选领导班子，陈原被选为编辑股长。踏绿社是当时在国际上颇负盛名的世界语团体，由陈原在中山大学的学长梁纯夫创办。踏绿社还出版了一个纯学术的世界语刊物《踏绿者》——这个季刊在它生存期间也享有世界声誉。

陈原在《忆梁纯夫》一文中回忆道："世界语最初是以人类之爱为标榜的，它赞成和平，用绿色来表示它的和平愿望：绿星，绿旗，绿章……然后纯夫创造了'踏绿'，其实这个名字的世界语称呼如果倒过来译出，则是'爱绿成癖的人们的团体'。那个季刊专发表学术文章，不谈政治，但确实是学术文章，它不吹捧法西斯国民党，它不替那个苦难深重的旧中国涂脂抹粉。……纯夫在哲学系毕业了，他要到清华研究院去，于是他把'踏绿社'的招牌、书籍，连同那间斗室（他向学校申请得来作为'社团'办公室的）都'传'给我们几个人……这样，从一九三五到一九三六年，以这个团体为中心，以这间斗室为活动基地，我们在校内校外展开了世界语活动，拉丁化新文字活动，广泛团结了进步同学，参加了如火如荼的救亡工作。至于那个杂志《踏绿者》，却没有按照纯夫的原意出下去——那时，部分因为民族危机已到了紧急关头，部分因为我和我的小友们'左'得可爱，认为再也不能继续出版那样的纯学术刊物了。我们从世界语——新文字运动出发，参与了歌咏运动，戏剧运动，宣传抗日，下乡动员，总之，一切为了准备神圣的抗日战争。"①

陈原接手后，踏绿社的工作大体可以分为教学（办短期世界语班）、出版（各种刊物）和组织活动（带有救亡内容的座谈会、纪念会等等）。本来这个社团只能在中山大学师生中间活动，但陈原却冲破框框，把校外的进步青年、进步世界语者吸引过来，在校外成立了"秘密"组织"广州世界语研究会"（对外世界语名为 KANTO-NA ESPERANTISTALIGO，直译就是"广州世界语者协会"）。在出版方面，陈原接管了《广州日报》副刊《世界语周刊》。这个周刊原来是踏绿社出面编的。周刊每一期发一次稿，每次约四千字，报纸刊出后，抽印二百份单张送到踏绿社，按期分寄给各国世界语团体。

1935 年 12 月 15 日，踏绿社在中山大学石牌新小刚落成的文学院礼堂，举办了大规模集会，纪念柴门霍夫诞辰。世界语运动在广州达到了前所未有的高度。这个会是在"一二·九"北平学生运动后没几天举行的，带有浓厚的救亡运动气息。"大学里的师生不用说，凡是学过世界语的或同情世界语的或从事救亡运动而又对语文运动感兴趣的教师同学来了不少，校外的进步青年世界语者来得更多。那天到石牌的校车整车整车全是来参加纪念会的青年，引起特务们的注意那是不足为奇的，不过我们事前做得很保密，一点也没张扬，到开会时特务才发觉，也就难以破坏了。"②

---

① 陈原：《人和书》，生活·读书·新知三联书店 2006 年版，第 169—172 页。
② 陈原：《六十年重温〈世界〉》，绿穗杂志社 1993 年版。

（四）走向世界的世界语刊物

1936 年 1 月，陈原主持编辑出版了一种油印的世界语刊物《地狱》（L'infero）。近五十年后，当陈原出访维也纳时，在维也纳国际世界语博物馆见到了这本刊物：

> 这个刊物是在极端恶劣的政治条件下，由地下组织的同志鼓励我们办的。此刻我找到的一期，有题作《血和泪的日历》一篇，记录了"一二·九"（北平）以后的学生运动……也有署名莫伟夫（莫柱孙，现在是地质师）写的一篇短文《中国学生运动的意义》。"血和泪"的艰难岁月重又展现在我眼前，这份小小的"通讯"曾赢得世界上很多同情者。[①]

1937 年，陈原与朝鲜人安偶生合编的世界语杂志《国际团结》（Internacia Solidareco），是一本反映当时民族解放洪流的文化艺术刊物。而在这年 11 月，陈原和余荻、洪桥、容斯等开始筹备出版一份宣传抗战的世界语刊物，这就是 1937 年 11 月创刊的《到新阶段》（Al La Nova Etapo）。这份刊物是由陈原和余荻出资编印的，为了节约成本，他们找了一家小印刷作坊排印，用的也是当时最廉价的有色（浅蓝色）纸，篇幅每期只四面。不过他们每期同工人一起排字拼板，排得特别活泼。老一辈世界语者渥丹在《世界知识》写过一篇论述国际宣传的文章，其中盛赞《到新阶段》是当时对外宣传刊物中编排得最

[①]　陈原：《人和书》，生活·读书·新知三联书店 2006 年版，第 43 页。

好、最吸引人的刊物。《到新阶段》的报头和编辑，其实完全模仿西班牙瓦伦亚出版的世界语杂志《人民阵线》。陈原当时是这个刊物的中国总代理。《到新阶段》报头全名是：

AL LA NOVA ETAPO（到新阶段）

INFORMBULTENO INTERNACIA PRI LIBERIGO DE INIO（报道中国解放斗争的国际导报）

报头左边有个头花，是一个持枪战士，围绕着这个战士是一句世界语口号，就是中国世界语者熟悉的"为中国的解放而用世界语"。字体也仿照《人民阵线》报头写成。这本刊物到 1938 年 4 月出了第 5—6 期合刊后就停办了，原因是国际反侵略分会广州支会想出世界语月刊。

国际反侵略运动大会是欧洲和亚洲反对法西斯、反对非正义战争的国际统一战线团体，由英国谢希尔爵士（Lord Cecil）和法国皮尔科特将军（Gen. Pierre Cote）牵头进行活动。这个运动在当时是一种积极的和平运动，曾在 1938 年召唤了世界上最广泛的人群，勇猛地反对法西斯国家的战机对平民的狂轰滥炸。这个运动的会徽，是在世界的平面地图上左边写 IPC，右边写 RUP——左边是英文简写，右边是法文简写（IPC：International Peace Campaign，RUP：Rassemblement pour la paix）。国反会于 1938 年 1 月 24 日在武汉成立，成立时将"和平"改为了"反侵略"。推举宋庆龄为会长，蔡元培在香港特地为它作了会歌，调寄《满江红》，歌云：

公理昭彰，

战胜强权在今日。

概不问，

领土大小，

军容赢诎。

文化同肩维护任，

武装合组抵抗术。

把野心军阀尽排除，齐努力。

我中华，

泱泱国。

爱和平，

御强敌。

两年来，

博得同情洋溢。

独立宁辞经百战，

众擎无愧参全责。

与友邦共奏凯旋歌，

显成绩。

　　同时，延安也举行了反侵略大会，毛泽东特地从延安发了贺电并题了词，因此国反会可以说是第二次国共合作时期的产物。其目的和作用是为抗战进行国际宣传，争取各国人民同情和援助。

　　广州中心是由当时在广州的进步文化人、共产党员和开明国民党员发起组织的，实际上是个对外宣传机构，执行部主任钟天心（当时是开明的国民党政要），日常工作由执行部秘书姜君辰（中共地下党员）负责。下面分三组一处，处就是秘书处，总管行政工作，三个业务组按语言分，即英语组、日语组、世界语组。分会负责人钟天心和姜君辰有一天找陈原到办公室谈话，问他是否能办个世界语月刊，刊名叫《正义》（*JUSTECO*）。这个杂志是大开本，就像美国的《新群众》，英国的《曼彻斯特导报》一样的开本，找了一家大印刷厂排印，每期大约八面，1938 年 5 月出第 1 期。几十年后，陈原在维也纳国际世界语博物馆找到第 5 期，是那一年 9 月出版的，上面有夏衍的报告文学《广州在轰炸中》（陈原翻译），司马文森的《被炸伤的女工访问记》（刘邦彦译），还有画家郁风的连环画《游击队之母：赵老太太》（余荻写的世界语说明）。这大概是这本刊物的最后一期。

国际反侵略运动大会中国分会世界语组还出了一份周报，名为《中国报导》。陈原在大学四年级时接手了这份周报，并要余荻辞去了她的小学教师职务，来一起工作。这份周报的创办，缘于陈原等人嫌月刊《正义》的出版节奏太慢，"我们不相信什么时间是金钱，但我们相信时间对于宣传效果有多么重要，因此，我们打算发世界语通信稿，提供给热心分子利用，翻译成各该国的文字，投到各国报刊争取发表，只有这样做，世界语才能证明自己的优越性：使用一种文字等于使用几十种文字，何乐而不为？我把这想法跟领导说了，都赞成。仿照新闻通讯社的做法，我们决定每周打字油印一份通信稿，取名《中国报导》"①。周报于 1938 年 8 月 13 日创刊，一共出了 6 期，最后一期即第 6 号是 10 月 8 日出版的，两天后日本侵

---

① 陈原：《六十年重温〈世界〉》，绿穗杂志社 1993 年版。

略军在广东大鹏湾登陆，十天后攻占广州，因此第 7 号编印好却没有印制出来。这份周报每周六出版，每期 4—6 页。报头上有一句世界语口号，即"拯救中国就是拯救和平"（Savu Ĉinion，Savu Pacon！）。正如《世界》从第四年第五期（1936 年 5 月出版）起，报头上加了"为中国的解放而用世界语！"一样，创刊号第一页是《告读者》，其中有一段话阐明了发刊的宗旨："我们努力使你了解中国：通过各种事实而不是各种豪言，通过可观的统计数字而不是主观的臆测，通过有意义并且有兴趣的小故事而不是枯燥无味的报告，最后，通过雄辩的论断，来表达中国的现状和敌国日本的情况，使你加深理解。"①

回忆起这段时光，陈原满怀深情地写道："1938 年对于华南世界语运动是十分重要的，其重要性在于：世界语的作用被那时的社会公众承认了，而且世界语活动确实给抗战国际宣传作出了微薄的贡献。这一年，对于我和余荻更加重要，她放弃了月薪四十七元五角的小学教师职务，我放弃了等着我的工程师位置，都去拿二十块钱津贴，做'职业世界语活动家'（如果有这样的称号的话）去了。半个世纪过去了，回头一望，我们两人都没有后悔，没有怨我们年轻时多么傻，无论是她，无论是我，每一回想，都觉得把青春献给壮丽的抗战救亡事业，把青春献给世界语，值得！遗憾的是，战火烧毁了我们这两个绿色堂吉诃德的幻想，这一年十月以后，我们几乎就没有认真做过世界语工作，这以后的几十年，我只在运动外敲敲边鼓，而她连边鼓也没怎么敲了。"②

---

① 陈原：《六十年重温〈世界〉》，绿穗杂志社 1993 年版。
② 陈原：《六十年重温〈世界〉》，绿穗杂志社 1993 年版。

由于在世界语运动中的卓越贡献，陈原于 1986 年被选为国际世界语协会荣誉监护委员会委员，在国际世协领导层和广大世界语者中享有很高的声誉。谭秀珠在《深切怀念陈原老》一文中回忆说："在中国出版界，陈原有'天才'的美誉，人们称赞他能直接用英文讲话、写东西，但他们不知道陈原的世界语也达到了炉火纯青的程度，让我这个专业世界语者都望尘莫及。1981 年，当我第一次参加国际世界语大会时，我亲眼目睹了陈原在大会上作报告的情景。他在以《人类语言的相互接触和影响》（*La kontakto kaj interinfluo de homaj lingvoj*）为题的报告中，用大量生动的例子讲述了东西方语言的相互影响和吸收，以及世界语在促进这种交流和丰富人类语言方面所能起到的作用。他的报告内容丰富，有很深的文化底蕴，他的世界语表达像母语一样的自如，他的语言幽默、机智，不是照本宣科。我从听众全神贯注的表情中看到人们对他的敬佩，从他回答听众问题，与听众的互动中看到他的博学和驾驭语言的能力，他能吸引全场的注意力，并能使严肃的学术讨论变得异常活跃和轻松。"[①] 而沈昌文在《陈原的几句外国话》中，回忆起他当年和陈原共事时，常常会听到说几句世界语，像"An korau venos printempo……（春天还会来的……）"之类，而沈昌文在 20 世纪 40 年代也曾在夜校里学过世界语，于是也能回敬一句"Multaj belaj printempoj！（还有许多美丽的春天！）"。[②]

[①] 谭秀珠：《深切怀念陈原老》，载陈原：《我的小屋，我的梦》，浙江文艺出版社 2005 年版，第 134—135 页。

[②] 沈昌文：《陈原的几句外国话》，载陈原：《我的小屋，我的梦》，浙江文艺出版社 2005 年版，第 139—140 页。

二、艺术救国梦

（一）童年的艺术启蒙

与陈原共事多年的吴彬，曾经撰文回忆一个人所未见的"陈老总"形象。那是陈原夫人余荻去世后的事情：

> 有一天清晨，编辑部同仁得知陈老总的夫人猝然去世，赶到老总家吊唁。听到有人进来，埋着头的老总突然抬起头，一把抓住我的胳臂，然后就是痛不欲生地号啕大恸："吃完晚饭，我们还听了《欢乐颂》，她去厨房送茶杯，只过了一分钟……"老总泪流满面，且泣且诉。我看惯了陈老总的睿智幽默，习惯于尊重地仰视老主编。可眼下老总的神态吓住了我，回头想向同来的沈昌文先生求援，发现立在一旁的沈先生也目瞪口呆。老总的悲哀固然让我手足无措，但也深深触动了我，以往上下级的拘谨消失了，我以晚辈的口吻试图安慰老总，"伯母能随着贝多芬的音乐告别尘世，这是有福的"。没想到这句话还真有用，老总陡然收住悲声，非常郑重地思索了片刻，认真地说："你说得对，能听完《欢乐颂》走，真是有福！"这一刹那，我真的在老先生的脸上看到一种儿童般的天真。①

---

① 吴彬：《为您奏响〈欢乐颂〉》，《中华读书报》2004 年 11 月 10 日。

陈原受艺术启蒙较早，并在结识余荻后，一起通过音乐编织艺术救国之梦，对艺术的热爱，尤其是对音乐的热爱，伴随了夫妻二人的一生。陈原少年时即迷醉于音乐和绘画，在很大程度上是受到当时一位热心普及音乐和美术教育的作家丰子恺先生的影响。在陈原很小的时候，他的一位叔公（岭南大学文字学教授）托女儿捎来了一份特殊的生日礼物——开明出版社出版的《给孩子们的音乐》，这本书是日本著名音乐理论家田边尚雄的作品。这是本毛边书，封面的设计有点儿印象派的味道，这本书连同丰子恺所编著的音乐图书一起，指引陈原"几乎走上了搞音乐的道路"。而丰子恺的《西洋画派十二讲》，则为陈原打开了一扇美术的窗户，这本书"给我打开了眼界，原来外国的美术思潮竟有这么些名堂。我至今知道的西洋画知识，多半也是从丰子恺先生的几部书里得来的——其中有一幅未来派绘画，跑动着的马有十二三条腿，那时对于年幼的我来说，印象很深；我第一次意会到'动'的观念引起了形象变化"。①

（二）音乐救国的主张

1938 年，由卜克拉斯（D. Pokrass）作曲、莱别兑夫·库马赤（Lebedev-Kumach）填词的歌曲问世，歌名为 *If Tomorrow Brings War*。歌曲很快在世界范围内传唱。同年八九月间，陈原根据英译将这首歌曲译为中文，配上了简谱，以《假如明天战争》的名字发表在夏衍主持的《救亡日报》上，很快就传遍了大后方。歌曲开头这

---

① 陈原：《我与开明书店》，载《陈原出版文集》，中国书籍出版社 1995 年版，第441—442 页。

样唱道：

> 假如明天战争
>
> 假如敌人进攻
>
> 假如他／胆敢来／攻打我们；
>
> 祖国的民众
>
> 团结像／一个人，
>
> 把敌人／打得他／落花流水。
>
> 　〔副歌〕在天空／在地上／在海洋中，
>
> 　唱着歌／真雄壮／真豪壮，
>
> 　假如明天战争，
>
> 　假如明天打仗，
>
> 　我们今天／准备好／斗争。

这首歌和陈原翻译的苏联空军壮歌《高飞，高飞，更高飞》一起广为流传。

1939 年 9 月，新知书店出版了余虹似、黄迪文、余荻和陈原编著的《新歌初集》，这本歌曲集到 1941 年 10 月就再版了八次之多。当时，陈原和朋友们由于热爱音乐，谈起了出版歌曲集的想法，再加上他们在战地工作时歌曲缺乏，不但无歌可教民众士兵，即使自己私下里想唱歌，也不过哼哼烂熟的流行曲子。本来是陈原和余荻两人准备动手编辑，后来恰巧黄迪文、余虹似两位老友从战地归来，也都对这件事情表示出了浓厚的兴趣，于是几个年轻人从 4 月中旬开始动手，用了二十多天就完成了。歌集总共分为六个部分：打到敌人后方去、政治重于军事、抒情曲、军歌、对敌宣传歌、少年儿童歌曲和附录"代表作十首"，其中包括《打到敌人后方去》、《游击队歌》、《军民合作歌》、《募寒衣》、《洪波曲》等82首优秀的抗战歌曲。除了收录抗战歌曲以外，陈原还针对歌咏者欣赏能力低下、音乐知识匮乏以及忽略伴奏等问题选载了相应的文章，主要有《中国新音乐运动之史的发展》、《歌曲创作法》、《音乐的基础知识》、《指挥法》，以及音程音阶练习和伴奏用的曲谱。在这本书的序言中，陈原明确地点出了音乐救国的主张：

> 新音乐运动（特别是歌咏运动）从头就是民族解放运动中的一环，歌咏本身从头就成为民族解放的武器之一，而歌咏运动在第一期抗战中更蓬勃地发展了。在这时期中它号召了并组织了无数人民大众到抗战阵营里来，但是它的力量显然还是不够，它的效果也显然还未达到理想那么大，所以在二期抗战① 当中，新音乐运动必须更加深入群众，必须普遍地广泛地深入群众，必须多方面的展开新音乐运动的各部门（不限于歌咏运动），必须把音乐和人民的生活斗争连结起来，必须从他们所爱唱的"地方歌谣"开始，然后带他们到达进步的新音乐，来鼓励并组织他们更沉着地忍受一切埋头苦干，渡过难关。为了达成这些任务，必须培养更多的音乐运动干部，必须在群众中间提拔出群众自己的干部，必须提高原来干部的音乐水准，以便能够单独开展工作，必须彻

---

① 二期抗战大致始于 1938 年，止于 1944 年，是当时官方对退守西南一隅的日子的正式称谓。老舍 1938 年曾创作《二期抗战》鼓词。

底研究并搜集各地的民谣以及舞曲。①

随后,《二期抗战新歌二集》由广州曲江艺术图书社出版。1942 年,陈原又编选出版了专供中小学音乐课使用的歌曲集《新歌三集》(曲江图腾出版社出版)。1943 年 1 月,陈原在曲江的住所被日军战机炸毁,全家又辗转回到了桂林。1943 年,陈原、余荻在桂林实学书局出版了《二期抗战新歌续集》。在《二期抗战新歌续集》中,陈原对当时流行的"新音乐"论战表明了态度。

"新音乐"一词最早是 1904 年由曾志忞提出,此后又由萧友梅、黄自等人作了进一步阐释,即指学习、借鉴西方音乐,创造不同于中国传统音乐的新音乐。20 世纪 30 年代,随着救亡音乐思潮的兴起,以聂耳、吕骥为代表的左翼音乐家赋予了新音乐新的内涵。新音乐被进一步狭义为无产阶级的革命音乐,并迅速在音乐界占据了主导地位。但是,仍有少数音乐家对这一新音乐观提出疑义。1940 年,作曲家陆华柏在《所谓"新音乐"》一文中着重强调作曲技术的新旧对新音乐发展的重要性,同时贬低了充满抗日救亡内容的新音乐创作。这对于当时主要以思想内容作为判断新音乐价值标准的新音乐运动而言,无异于"异端邪说"。此文一经发表就引起了赵沨、李凌等音乐工作者的批判,陈原也参与其中。赵沨认为,新音乐无论是内容还是形式都应该具有民族特征,都应该与革命实践活动紧密联系在一起。李凌也更明确指出,新音乐是"反映中国现实,表现中国人民的思想情感与生活要求,积极地鼓励组织中国人民起来争取建造自己的自由

---

① 陈原:《〈新歌初集〉序:从本书的编刊说到二期抗战中的音乐运动》,载陈原著,于淑敏编:《陈原序跋文录》,商务印书馆 2008 年版,第 9 页。

幸福的国家的艺术"，即"新音乐首先必然'思想新'"。①

陈原认为：

"新音乐"应该是"中华民族的新兴音乐"的简写。在作用上说，它必须服务于中国民族；在作风上说，它必须是以中国民族的生活为基础的；而正因为它是民族的音乐，更能丰富了世界的音乐范畴，故此它也是世界性的。所谓"新兴"，乃指明它是大众的，通俗的，战斗的（不是特殊的，庸俗的，颓废的）。从手段上说，它吸取了民族音乐遗产的优秀因素，撷取了西洋进步音乐的精华，综合起来，这便是中国民族的新兴音乐，也就是通常所说的新音乐。②

这几本歌曲集虽然销路不错，有重庆、广西、香港等多种版本，但因为多数是直接卖掉版权，所以陈原等人收入并不多，自己印行的几本则几乎没有收回成本。而当时社会上也有了一些传言，说陈原他们通过编辑出版这些歌曲集如何如何了，其中之一，便是说他们因编歌而成阔佬。"世间果有因编歌大赚钱的罢，也许是有的，但我们不知道；在我们，这倒是很花力量而结果亦近赔本的。举个例罢，《新歌初集》发行桂、渝、港版，销路不可谓不多了，但编者四人卖稿得二百块钱，各分得五十；《二集》是因偶然的机会自己印的，结果差

---

① 翟颖慧：《不该被忘却的音乐理论家——陈原音乐史事考》，《交响——西安音乐学院学报》2009 年 9 月。

② 陈原：《〈二期抗战新歌续集〉新版序》，载陈原著，于淑敏编：《陈原序跋文录》，商务印书馆 2008 年版，第 38 页。

不多要赔本；《名歌集》卖稿得九百块钱，三次支取，但译写却费了两个人整整一年的时间。但流言既有，就只得硬着头皮继续编下去，而且多编几册，快出几本，这是以毒攻毒的老方法，否则，别人还以为我们真的成了阔佬，到什么山上去休养去了。"① 不过陈原编写的这些歌曲集，却带动了市场上的一股出版热潮，"坊间歌曲书籍出得真如雨后春笋"。

（三）《苏联名歌集》

上面提到的《名歌集》，全名是《苏联名歌集》，是由陈原编写，并由新歌出版社于1941年出版的。1940年，陈原在曲江（今韶关）创建了中苏文化协会的省级分会，致力于中苏文化交流，音乐成为当时最便捷、最有效的交流形式之一。在此之前，姜椿芳从世界语翻译了苏联歌曲《祖国进行曲》，迅速红遍大江南北，给抗战中的人们带来极大的鼓励。"这个小曲，在那样晦涩的不愉快的日子里，带来了对祖国的热爱。这首歌，很快就传遍了整个国土，在歌唱者的血液中灌注新的力量，那是保卫祖国的力量，反对侵略的力量，那是争取自由解放的力量。"② 这首歌创作于1936年，是一部电影的主题歌，被公认为作曲家杜纳耶夫斯基的最高艺术成就之一，后来几乎成了苏联的第二国歌。它气势非凡，给人以力量，旋律震撼人心。这是20世纪在我国流

---

① 陈原：《〈二期抗战新歌续集〉新版序》，载陈原著，于淑敏编：《陈原序跋文录》，商务印书馆2008年版，第36页。

② 陈原：《隧道的尽头是光明抑或光明的尽头是隧道》，商务印书馆2002年版，第115页。

传最广、给人们留下印象最深刻的苏联歌曲之一。歌曲这样唱道：

> 我们祖国多么辽阔广大，
>
> 它有无数田野和森林。
>
> 我们没有见过别的国家，
>
> 可以这样自由呼吸。
>
> 打从莫斯科走到遥远的边地，
>
> 打从南俄走到北冰洋。
>
> 人们可以自由走来走去，
>
> 就是自己祖国的主人；
>
> 各处生活都很宽广自由，
>
> 像那伏尔加直泻奔流。
>
> ……

虽然陈原和姜椿芳彼时还不认识，但这种翻译苏联歌曲的做法，无疑对陈原产生了深刻影响。陈原于 1940 年给 VOKS（苏联对外文化协会）写信，请其邮寄一些音乐资料。虽然没有收到回信，陈原却收到了很多曲谱和音乐杂志。陈原和同事们欣喜若狂，贪婪地唱着这些歌曲，"音乐感动着我们的心灵"。同时，陈原还通过世界语，从苏联远东区教育学院的一个女学生 M. 君那里得到了两个小曲，从列宁格勒的工程师 G. 君夫妇那里得到了大量著名的流行短歌。苏联对外文化协会寄来的资料里，有一部红军歌舞团歌曲集，"都是一些保留节目"。于是在这一年的夏天，陈原决心以这部歌集作为底本，参照其他资料，编译一本歌曲集，"将北国的歌，介绍给奋战中的中国读者"。陈原是带着激情来编译这部歌集的：

> 一年来，若断若续的，在炎热得连狗也懒出门的夏日，在冷得鼻子通红的严冬，我抽出了睡眠的时间，译着译着。为白天繁重的工作弄得疲倦了的身躯，往往要支持到午夜以后。然而那具有生命力的歌曲在鼓舞着我们的灵魂。在这些翻译的日子里，歌中描写悲郁的旧俄生活的苦恼的情绪，使我联想起祖国受难的人群，我激动，痛苦积压着我的心胸，我忍受着，却同时幻想起我们光辉的未来。于是描写新的愉快的生活的旋律出现了，它使我欢欣，它使我喜悦，它使我竟至于歇斯底里的狂叫起来。情感是在起伏着。夜间的生活有好几个月是这样过的。①

陈原在翻译这部歌集时爆发的激情，大概可以和凡·高创作油画时的热情相比肩。大概在 1941 年 6 月，这本书就已经基本译完了。余荻帮助陈原再三地朗唱和修改，而欧阳文彬也帮助做了大量的校对工作。翻译诗歌是个世界性的难题，人所共知，而翻译歌曲，不但要照顾语意和节奏，还要考虑到各种音乐的要素，可谓难上加难。陈原和余荻确立了一个原则，那就是尽量使歌词与乐曲配合，非万不得已时，不改动乐谱。这本书在出版时是以桂林新知书店的名义上报审查的。然而在快要排印好的时候，政治形势开始恶化，桂林生活书店已经被查封，因此新知书店也自动关门停业，以避免损失。因为此前已经得

---

① 陈原：《〈苏联名歌集〉前记》，载陈原著，于淑敏编：《陈原序跋文录》，商务印书馆 2008 年版，第 32 页。

到了"广西省图书杂志审查委员会"的审查证（书字第四六九号），所以这本书得以用"新歌出版社"的名义发行。陈原对这本书是寄予厚望的，在此书的前记中作者说道："这个国家的革命，早已给人类带来了新的憧憬。而在这基础上产生的战斗的音乐艺术，也将给世界乐坛带来一些新的希望罢。假如这本集子对于在战斗中的中国人民，或者艺术战士，能尽一点鼓舞的作用，那么，我的努力不算白费。"这本书印行后影响不小，甚至在被日军占领的孤岛上海，也用原型纸印过一版。

（四）《我的音乐生活》

1945 年冬天，由重庆南行时，陈原在一个小城市的地摊上，买到了两本关于音乐家的书籍，一本是罗曼·罗兰的《创造者贝多芬》，一本就是后来被陈原译为《我的音乐生活》的《挚爱的朋友》（*Beloved Friend*，C. 波纹和 B. 冯·梅克编）。《挚爱的朋友》原版是 1937 年在纽约由兰登书屋出版的。陈原在阅读过程中，除了音乐家自身的才华外，最受感染的恐怕有两点，一个是柴科夫斯基忧国忧民的家国情怀，另一个则是与其才华背道而驰的悲剧人生。在《我的音乐生活》中译本重印题记中，陈原充满深情地写道：

> 骤然看去，这个音乐家，不过是一本正经地讲授和声学与对位法的迂教授，不过是年复一年写出一部又一部最初并不受人欣赏的乐曲的穷作家，很少人了解到这个迂夫子却是那么忧国忧民。还是让我们听听这个音乐家内心的自白罢。试看他笔下的 70 年代的彼得堡："天气很坏——有雾，无涯的雨，潮湿。一

举步就碰到哥萨克的巡逻兵，好像我们是被围似的。还有我们的军队（从土耳其）付出了可耻的代价之后回来，这都是使人伤心的事。这都是恐怖的时代，可怕的时代。一方面——一个绝对惶惶不可终日的政府，连呵克沙可夫说了一句勇敢的真话，就把他放逐，害怕到这个样子。另一方面，悲苦的，疯狂的青年，成千成千地，没有经过任何审讯，就被流放出去，流放到连乌鸦也捡不到骨头的地方去。而在这两极中间，有一个对什么东西都无所用心的公众——它沉溺在自私里，一点也不抗议地生活下去。"这是柴科夫斯基 1878 年秋天写给冯·梅克夫人的信。这个音乐家不是具有强烈的倾向性么？他哪里是躲在象牙之塔中的迂夫子呢？[①]

柴科夫斯基因其不朽的芭蕾舞剧《天鹅湖》、《胡桃夹子》和《睡美人》享誉世界，也俘获了国人的心灵。尤其是他创作的弦乐四重奏那一段"如歌的行板"（Andante Cantabile），使多少人潸然泪下，托尔斯泰听了不禁喃喃细语："我听到了我们那忍耐着的、受苦受难的人民的灵魂了。"柴科夫斯基命运多舛，与许多极富才华的艺术家一样被当世所忽略、所拒绝、所伤害。他把精心创作的一部钢琴协奏曲献给心中仰慕的大师鲁宾斯坦，但大师却拒绝演奏；他把颇为自得的一部小提琴协奏曲献给心中钦佩的教授欧爱，却吃了一个闭门羹；他糊里糊涂地怀着理想、爱情、事业、祖国等种种美好的对婚后生活的憧憬爱上了一个女学生，却被现实中妻子所追求的那种浮华、虚荣、

---

① 陈原著，于淑敏编：《陈原序跋文录》，商务印书馆 2008 年版，第 153—154 页。

奢靡的生活所分裂所撕扯。幸好这个世界上还有冯·梅克夫人，他一生中唯一的红颜知己。两人的第一次通信是在 1876 年，冯·梅克夫人向柴科夫斯基开出订单，并开始了对其长达十四年的资助和鼓励。两人的信件中情意细流，有一段时间他们的住处不过相距半英里，并且都知道对方的所在，但仍然是鸿雁传书，未曾谋面。"这种友情交往方式，更使人觉得如在春朝薄雾，看绰得花枝，沉在人们心底下的迷茫美感，反比看透了更为撩人。"1890 年，据冯·梅克夫人说自己破产了，于是两人之间的经济往来骤然中断，书信来往亦停止了。三年后，柴科夫斯基出访了美国，写完了人生中的最后一部交响曲《悲怆》，寂寞地离开了这个孤独的世界。

而对于柴科夫斯基的音乐才华，陈原是由衷赞佩的，尤其是对其创新精神，陈原给予了很高的评价。在该书的《重版题记》中陈原评价说：

> 他膜拜莫扎特（这是他的"神"！），他敬重贝多芬（这是庄严的师长！）。他没有盲从，他创新。在许多自白中（我在这里指的特别是给冯·梅克夫人写的信中），他提出了一个复一个新的断想。有一次他甚至提出"不协和音是音乐史上最伟大的力量，没有了不协和音，音乐就会变成永久的祝福——而无法表现一切受难和痛苦。"这样，他不仅从教堂音乐和古典音乐中破门而出，而且还大胆地跨过了浪漫派的门槛，通向现代主义。当然，柴科夫斯基曾经警告过，必须"很有见地，很有技巧，很有风趣"地使用不协和弦，否则就显不出它的"巨大的意义"——仿佛他预见了各式各样现代主义音乐滥用了不协和音，这样的断想对于我

们当然是饶有兴味的。①

这本书的中译本是 1948 年在上海由吉少甫主持的群益书店出版的，出版时把书名改为《我的音乐生活》。封面是郭沫若题写的书名。关于书名，陈原解释说：

> （这本书是由梅克夫人的孙媳妇和 C. Bowen 根据两人的通信编成的）其间加插了事实的叙述，和同时代其他人通信的选译，俨然一部专讲柴科夫斯基音乐生活的专书，甚至俨然是柴科夫斯基自己写成的讲他自己的音乐生活的专书，所加的说明正好是一种加深后人了解的诠释。因此，当出版者仿照史坦尼斯拉夫斯夫所著《我的艺术生活》，想把这部书的译本定名为《我的音乐生活》时，译者经过一阵踌躇，也觉得相当确切；不过因为不是柴科夫斯基亲自有意写成的专书，因此译者提议上下加一个引号，即《"我的音乐生活"》，表示这不过是借用来表达书名的内容的。②

这本书出版后收录了中苏文化协会研究委员会主编的"群益译丛"第五辑刊行，1949 年 3 月在香港印行过一版，1950 年 5 月印行第三版时插入了 5 幅黑白照片，1951 年由上海新文艺出版社再版，人民音

---

① 陈原：《不是情书的情书》，载《隧道的尽头是光明抑或光明的尽头是隧道》，商务印书馆 2002 年版，第 33—34 页。

② 陈原：《不是情书的情书》，载《隧道的尽头是光明抑或光明的尽头是隧道》，商务印书馆 2002 年版，第 23—24 页。

乐出版社、三联书店等都曾再版过,影响了几代读者。人民音乐出版社 1982 年再版时,陈原在《重印题记》中说:"三十年了,我几次没有同意出版社重印,因为我那时认为这种情调同那时的空气不协调。现在雨雪霏霏的日子终于过去了,我想,就让它重见天日罢。"这个译本在台湾也多次印行,但是没有署上陈原的名字。1959 年,台北乐友书房作为《乐友丛书》之八印行,1969 年出了新版本,1974 年已经出到了第四版。出版人在《重刊感言》中说:"对于本书译者,我们充满了感激。设非他的努力,中文的音乐树丛中何来此一佳作?知音何处?只此附表敬意。"台湾的文星书店等也出版过陈原的译本。

(五)护送马思聪

在进行艺术创作的过程中,陈原也结识了一批日后享誉全国的艺术家。1941 年夏天,皖南事变发生后,在党的关怀下,一大批重庆的进步文化人被有组织地疏散到解放区、香港以及南洋等地。组织上安排著名音乐家马思聪夫妇经由曲江飞往香港,而那时广东已经只剩下这一条直飞香港的空中走廊了。马思聪是中国第一代小提琴音乐作曲家与演奏家。1923 年,马思聪来到法国,开始了他的音乐生涯。先后就学于南锡音乐学院、巴黎音乐学院学习小提琴。1929 年初,马思聪因家境突变回国,在香港、广州、上海等地演出,被誉为"音乐神童"。

重庆的朋友托陈原为他们夫妇千方百计买到机票,并建议如果可能的话,趁机举行公开音乐会。虽然当时机票紧张,但陈原打着"国际反侵略会"的招牌,最后还是搞到了机票,并且安排好了举办音乐会的一切事宜。但是当马思聪夫妇到达曲江以后,国民党省党部与其联系，提出由他们安排，在省党部礼堂为官员们举办演奏会。陈原与马思聪商量以后，决定由马思聪出面，婉言拒绝他们的"好意"，理由就是这两场音乐会是国际组织在中国的机构举办的，并且门票早已售罄，如果临场决定取消，恐怕不好向国际组织交代。如此这般，国民党省党部便放弃了原先的要求，两场音乐会也得以如期举行。

音乐会举办得非常成功，不仅场场座无虚席，而且不少人还买了站票，在曲江这个"文化沙漠"似的临时省会，这两场音乐会引起了不小的反响。音乐会结束后，在陈原等人的安排下，马思聪夫妇顺利地登上了飞往香港的航班。临行前，马思聪夫妇到家中拜访陈原，依依话别。据陈原回忆，马思聪当时显得很激动，不善辞令，只是紧紧地握着陈原的手，连声感谢。余获此时已经快要临盆了，但依然担任了两场音乐会的舞台监督和后勤总管，因此马思聪的夫人特别表示了感谢——就在马思聪夫妇离开的当晚，7月23日，陈原的大女儿便来到了人间。

（六）结识焦菊隐

在此期间，陈原还结识了戏剧家焦菊隐。焦菊隐（1905—1975）原名焦承志，曾用名菊影，天津人。1928年毕业于燕京大学。1930年创办中华戏曲学校，任校长。1935年留学法国巴黎大学，获博士学位，之后不久便回到了苦难中的祖国。陈原是1939年在桂林遇到焦菊隐的。那时的桂林名士云集，俨然一座文化城，新闻、出版、音乐团体、话剧团等如雨后春笋层出不穷。陈原和焦菊隐的相识，即缘于其中的一份报纸——《救亡日报》。

　　《救亡日报》的地位比较特殊。当时，重庆有一张《新华日报》，世人都知道那是中国共产党在国民党统治区创办的，是党的官方媒体，但在许多地方，人们却很难订阅到这份报纸，因为国民党为其发行设置了重重关卡，尤其是要突破当局的新闻、邮政检查网才能到达读者手中，再加上政治上的考虑，许多读者都不敢公开订阅。《救亡日报》则是以非党报的面目出现的《新华日报》，读者更容易订阅到，也不会引起当局太大的注意。周恩来曾说，《救亡日报》要办成"文化界抗日民族统一战线"的报纸，要"讲人民大众想讲的，讲国民党不肯讲的，讲《新华日报》不便讲的"。这份报纸 1937 年创办于上海，上海沦陷后迁移到广州，1938 年广州沦陷后转移到了桂林。1941 年、1945 年两次被查封。田汉曾经形象地描述过这份报纸的风格："上海时代是活泼多彩，广州时代是热烈而嫌驳杂，桂林时代是渐趋沉着醇厚了。"陈原真正从事文字生涯可以说是从《救亡日报》开始的，"是它把我养育成文化工作者"。这是因为《救亡日报》团结了一大批文化名人，陈原自然受益匪浅。社长由郭沫若担任，总编辑则是夏衍先生，编委会中有巴金、王芸生、王任叔、茅盾、胡愈之、柯灵、阿英、夏丐尊、章乃器、张天翼、邹韬奋、叶灵凤、郑振铎、萨空了等一大批熠熠生辉的文化巨星。1939 年 10 月，桂林文化艺术界为了给《救亡日报》筹集经费，准备上演夏衍的话剧《一年间》，焦菊隐和陈原共同参与了这项活动。

　　《一年间》在桂林的演出有普通话、粤语、桂语四个剧组（普通话是两个组），这可能是焦菊隐的主意。这样做可能是为了宣传效果，因为当时普通话尚不普及，用方言上演话剧，往往会使当地的群众感到亲切。方言版的台词，要根据原著用书面定下来，因此陈原就担任了这台话剧的"语言顾问"。导演团包括了当时一流的剧作家，如欧阳予倩、田汉、夏衍、马君武等，焦菊隐则是执行导演。陈原在《忆焦菊隐》中说：

> 我有机会同这位艺术家朝夕相处。不消说，我从他那里学习了很多很多。从他那从容不迫的、男低音的论述中，我发现了一个真诚的艺术家的沉着而肺腑甚深的形象。他博览群书，也饱经世故，他懂得很多，记得很多，不仅是西洋的，而且是传统的。……每一次见面，我仿佛是在听他讲课……我学到的是他对于他所从事的工作一丝不苟的精神。①

这台话剧的演出效果非常好，轰动了整个桂林，在广东、湖南、贵州、云南等地也引起了出乎意料的反响。"甚至可以说这不完全是募捐义演，不单纯是戏剧活动，而是召唤爱国者更加紧密地团结起来，为反对投降坚持抗战而斗争。这次演出得到的经济实绩可能不那么理想，但它所起的激动人心的作用可是不能低估的。"②这次演出也使两人结下了深厚的友谊。

20世纪40年代初，当得知陈原翻译的谢德林的长篇小说《戈罗维略夫老爷们》找不到出版社时，焦菊隐四处奔波，向几个城市的出版家介绍这个书稿，并给陈原写信让他不要着急，说一定能够找到出版社的，因为这部小说值得介绍给广大的读者。虽然最后还是没有结

---

① 陈原：《人和书》，生活·读书·新知三联书店2006年版，第185—186页。
② 陈原：《不是报纸的报纸》，载《隧道的尽头是光明抑或光明的尽头是隧道》，商务印书馆2002年版，第91页。

果，但焦菊隐的这份热情还是深深感染了陈原。

1950 年，陈原第一次进入解放了的北京城，第一夜就去看了焦菊隐导演的话剧《龙须沟》。"人们知道我的'习惯'，凡是焦菊隐导演的话剧，无论怎样安排不出时间，我总是要偷出来看的。但我永远没有机会在排练场听他的男低音了。每次看戏，我脑子里又翻腾起他关于语言、律动、节奏、潜在的力量等等的信息，迫使我在美的享受中进行沉思。"[①]

三、文学救国梦

（一）《不是战争的战争》

1938 年 10 月 21 日凌晨一点钟，陈原随着四战区的一个民运机关，从被称作"白区"的大后方广州匆匆撤离，几个小时以后，日军就占领了这座城市。陈原引为遗憾的，是在匆忙而混乱的撤退过程中，有两部手稿没有带走，从而消失在战争的硝烟中了。其中一部是陈原从日文和世界语翻译的一本书，原书是日本大阪外国语学院教授川崎直一的语言学著作。川崎直一对托尔斯泰的小说《爱之所在即神之所在》世界语版作出了极精辟的语言学评注，托尔斯泰三十多页的原文，就被川崎直一评注了二百多页。陈原对此书印象很好，便于1936 年写信给川崎教授，希望将其译为中文。川崎不但同意，还很

---

① 陈原：《人和书》，生活·读书·新知三联书店 2006 年版，第 188—189 页。

快寄来了一大包校正稿。两人在翻译的过程中还多次通信。另一部书稿，则是陈原翻译了一部分的美国教授铁木辛科的《弹性力学》。

虽然令人遗憾地丢失了两部书稿，但因祸得福，此次大撤退给陈原留下了难以磨灭的印象，以至于一看到爱伦堡的文字，就深深地为之着迷，并由此促成了《不是战争的战争》一书的问世。书中所收为爱伦堡给《消息报》写的政论和报告文学。之所以取这个书名，是因为"在这半壁河山，既不像战争，也不像和平"。这本书的副标题是"巴黎陷落前后"，于 1942 年 4 月 15 日由重庆建华出版社出版，第一次就印了五千册。书的上半部分收了《不是战争的战争》、《定命的一月》、《巴黎陷落前后》、《没有国家的人民》、《巴黎陷落后一个月》，几乎从每篇文章的名字，都可以直接令人联想到苦难中的中国。书的下半部分只收了两篇文章，分别是雪尘翻译的《从巴黎到莫斯科》和葆荃翻译的《从基辅想到巴黎》。雪尘就是张企程，葆荃就是戈宝权，两人当时都是《新华日报》的记者。

爱伦堡在战后回忆往事时这样写道："一九四〇年六月的巴黎仍旧浮现在我的眼前；这是一个死城，它的美使我为之绝望；再也看不见汽车、繁忙的交通和熙熙攘攘的行人来遮挡那一幢幢的高楼大厦——这是被剥掉了衣服的躯体，也可以说是一副有街道作为关节的骨骼架子。巴黎，这个在许多世纪里建设起来的城市，这个不是由某位建筑师的构思，也不是由某个时代的趣味，而是由世代的更迭和民族性格所形成的城市，颇像一座鸟兽均已离去的石林。偶尔遇见的人也都是些畸形的人：驼子、缺腿或缺手的残废者。在工人区里，年迈的老妇人坐在凳子上编织着什么；她们那细长的手指中间夹着长长的织针。德国人感到诧异：他们想象中的'新的巴比伦'不是眼前这个样子。他们在那少数开门营业的饭馆里大吃大喝，并且争先恐后地在圣母院或埃菲尔铁塔前面互相拍照。"相信与人去城空的巴黎相比，广州、北平、上海、南京等一大批中国城市在落入敌手之后，命运更加悲惨，前途更加不可预知。正如陈原所说，人民受难的情景虽然各不相同，但是回顾往事所引起的愤懑却是一样的，"在我眼前浮现的不是巴黎，而是广州、武汉、长沙、桂林……"正是这种同命相戚的情感，引起了陈原以及读者的共鸣。陈原回忆自己的撤退所闻所见时说：

> 我经历过广州在"不是战争的战争"中的撤退（一九三八年十月）。深夜，马路上一个人影也没有，箱子、行军床、机器，零散地扔在路当中；黑暗的小巷里几个醉汉在猜拳。我也经历过更加可耻的湘桂大撤退（一九四四年），那也是一场"不是战争的战争"，从桂林到贵阳的铁路、公路上到处是逃难的人，夹杂着伤兵……爱伦堡所写的一切，"历历如在目前"。
>
> 十月二十日，城市平静。不是战争的战争。夏公（夏衍——笔者注）后来回忆："正午，一切消息隔绝，闷慌了。我到战区民众动员会去打听一下，遇见了钟天心先生、谌小岑先生，他们还很镇定地在布置办公室的桌椅；姜君辰兄伏在桌上写一个计划草案，门口，成群的青年在探问参加服务队的手续。谁也没有一点惊惶的样子……"这一切都是真的，但这一切却又是假象。不是存心要骗人，而是被人骗了。那一天我也在那里，不过我在另一个办公室"布置桌椅"和抄录整理战时工作队的分队名册。一切好像井然有序，前线好像平静无事。突然，下午七时左右，我

还在净慧公园（第四战区民众动员委员会临时办公处）里抄录名册时，霹雳一声，战区命令来了：当夜立即撤退。……我甚至连打个电话的余暇也没有。我急忙把文件名册收拾好，已快到子夜时分。我被命令登上珠江停着的一条木船，大约凌晨一时左右离开了广州……日本侵略军当日下午占领了广州。①

在这本书的后记里，陈原表达了类似的情绪："这里所收，大抵系叙述巴黎沦陷前后的景色与见闻，因取今名。巴黎陷落到今天，虽已一年又六个月，但这里所描写的一切，在我们今日看来，还历历如在目前。对于中国的人们，这七篇东西是值得一再诵读的。"

书中所收的一篇与书名一致的政论式报告文学，是此书的亮点所在。爱伦堡在这篇脍炙人口的报告中写道：

本来，在今年（一九四〇）春天，人们已开始谈到愚蠢的背叛了，但是，在这不久之前的冬天，法国人却得意地宣布道："什么，我们压根儿就没有感觉到战争！"当巴黎有半个月光景买不到咖啡的时候，巴黎人就大为生气了："全是那些波兰人惹来的。"无线电广播员用全世界各种言语播送着巴黎餐馆的菜单。那菜单诚然诱惑人，但即使是最精美的炸雏鸡，也无法抗拒一只坦克的攻击。乐天主义的巴黎人，都不愿意想到这些：他们唱着希佛莱的《巴黎将永远是巴黎》，十年前维也纳也有这一支非常

---

① 陈原：《不是报纸的报纸》，载《隧道的尽头是光明抑或光明的尽头是隧道》，商务印书馆 2002 年版，第 10、89—90 页。

　　　　流行的歌曲，名叫《维也纳总是维也纳》……①

　　面对即将来临的战争，不仅前线士兵和各类媒体充满了盲目的乐观，不少普通百姓亦在潜意识中尽力回避现实，此情此景，或许使陈原在翻译此书时觉得似曾相识罢。

　　建华出版社，是潮汕地区的一个进步青年佘纲舜设立的，这个出版社的资金，全部来自个人筹款。出版社出的第一本书——也是最后一本，就是陈原翻译的《不是战争的战争》。后来，佘纲舜还和陈原合作，计划搞一个翻译月刊，但没有搞到出版许可证，因此只出了四种单行本。再后来，佘纲舜在抗战胜利后去了台湾，开办了一家书店，一生与书为友。

　　《不是战争的战争》封面上，写着一行小字："反侵略文库第一集，反侵略通讯周刊社编。"这是陈原在编辑周刊之余，利用反侵略大会名义出版的一套丛书。在《反侵略文库刊行缘起》中，陈原以平实的笔调，阐述了丛书的出版缘由及编辑原则：

　　　　我们没有大的希望，亦不抱着任何野心。在这伟大的时代，尽我们浅薄的能力，编写几本小书，出一个小小的文库，只要它不含毒素，并且不至成为骗人的东西，尚值一读，那我们便心满意足了。
　　　　本文库的内容，并无一定，亦不想拟定什么计划，预告什么书目。在我们发觉有可以写，可以编或可以译的材料时，我们便

_____

① 陈原著，于淑敏编：《陈原序跋文录》，商务印书馆 2008 年版，第 44 页。

动手工作；至于范围，则异常广泛，不论属于什么部门，凡是有助于读者认识现实的东西，无不收容。但长篇大论，则非我们能力所及，那只好等待学者先生们去做，我们是没有胆量大干的。

我们的作风："不喊苦，不说忙，不夸张"。

我们的志愿："有一分热，发一分光"。

至于文库之名"反侵略"，并非学时髦，因为我们都是负责国际反侵略运动大会的实际工作者。名副其实，不敢掠美他人。

最后，希望读者先生们给我们伸出友谊的手！

编　者

三十一（一九四二），二，二十五，陪都[①]

《反侵略通讯周刊》是陈原在反侵略大会广东分会工作时，主持编辑出版的多种刊物之一，这本周刊在当时是作为会刊发行的，最初是十六开四页，后来增加到八开四页，最多时每期印行六千多份，并且都是直接订户。这本刊物的主要对象是中小学教师，以及活跃在各地的进步青年，甚至还包括那时第四战区和第七战区（张发奎部和余汉谋部）国民党部队中的一些官兵。在编辑这本周刊时，陈原以分析国际时局为己任，同时采取改头换面等方式，把《新华日报》以及塔斯社的文章和资料放在刊物之中。周恩来在《新华日报》发表的论太平洋战争的演讲提纲，周刊就改写成"讨论提纲"得以顺利发表，实现了"曲线救国"。周刊每周一出版，大约出版了两年左右的时间，其间从未间断。陈原用"观察者"的笔名，每期写一篇国际评论发表

---

① 陈原：《不是战争的战争》，载《隧道的尽头是光明抑或光明的尽头是隧道》，商务印书馆 2002 年版，第 13—14 页。

在上面，据他回忆，有些评论是同乔冠华闲聊后受到启发所写的。

（二）福斯特的《新欧洲》

在被爱伦堡深深打动的同时，陈原爱上了福斯特。"当福斯特一九四七年从美洲踏上欧洲大陆时，他曾预言满目疮痍的欧洲'再生'了——那个时代进步人群所熟知的杂志《新群众》甚至欢呼：'民主的光辉已伴随着新欧洲的太阳上升而得到再生了'，这是它为福斯特当时的游记体政论小册子《新欧洲》出版而作的断言——这断言，连同福斯特的描述，感染了我，使我一口气译完这部《新欧洲》。"① 如果说爱伦堡的《不是战争的战争》带给陈原的是对时世多艰、祖国多难、人民挣扎的痛苦回忆，是一种同仇敌忾、感同身受的愤懑之情，那么，福斯特的《新欧洲》则给陈原带来了对战争结束后新生活的热望和期盼，是一种渴望新生、渴望和平、渴望稳定、结束糟糕的过去的内心冲动。

《新欧洲》1947 年 6 月出版于纽约。《新欧洲》出版时，美国的《新群众》杂志有一篇文章这样评价，它说作者在书中"绘出了新欧洲真实的图画。在这幅图画中，可以看见欧洲目前在受着苦难的人民如何珍重自己的独立，如何决心为争取更大的幸福和更大的自由而斗争。"它还预言美国民主的梦"在政治阴霾中渐渐的暗下去了"，而民主的光辉已经伴随着新欧洲的太阳的升起而再生了。

陈原得到这本书的同时，还看到了爱伦堡的一本欧游散记。爱伦

---

① 陈原：《隧道的尽头是光明抑或光明的尽头是隧道》，商务印书馆 2002 年版，第100 页。

堡描绘了阵痛中的东欧，而福斯特则描写了访问西欧四国（英国、法国、意大利和瑞士）和东欧四国（南斯拉夫、保加利亚、捷克斯洛伐克、波兰）的所见所闻所感。《新欧洲》将妇女、青年和知识分子看作欧洲的新生力量，看作在废墟上重建一个新欧洲的中坚力量。陈原此前写作了一个小册子，名为《战后新世界》，对比福斯特的著作，陈原说自己"感到汗颜，原因是我没有实感"，因此，陈原决心要翻译出这本书。

由于当时的政治气候越来越差，陈原不得不离家出走，在常州的音乐学府里，伴着悠扬终日的琴声，完成了这部书的翻译工作。这本书于1947年由生活书店出版。生活书店将此书编入了《新世纪丛刊》。丛刊出了6种，除了这本书外，还有吴清友翻译的瓦尔加战后的第一部经济学著作《战后资本主义经济之变化》，王任叔著作《印尼社会发展概观》，费孝通翻译的 Hall 著作《工党一年》，乔冠华（笔名乔木）翻译的《美国大恐慌》，以及陈原翻译的另一本著作《战后美国经济分析》。

（三）《一九一八年的列宁》

"面包会有的，一切都会有的！"这句话对20世纪下半叶的国人来说再熟悉不过了，已经随着电影《列宁在一九一八》一起成为了记忆中尘封的经典。而这部电影的文学脚本就是经由陈原之手翻译成中文的。

广州陷落后，陈原辗转到达桂林。桂林当时已经成为大后方的文化中心，陈原就住在文化人聚集区之一东郊施家园。此时陈原已经参加了新知书店的编辑工作。"昔我往矣，杨柳依依；今我来兮，雨雪霏霏。"桂林的春天是多雨的。1939 年春天，或许天空中还飘着细雨，陈原从《新华日报》桂林办事处，得到了一本俄文版的《列宁在一九一八》的文学脚本，后来又在英文版的《国际文学》上看到了英文译本。这本书对陈原的吸引力是如此巨大，以致他连夜一口气读完了原著。

> 我激动得说不出话来。我是那个时代的年轻人，向往北方那个被当做目标的新社会。我爱这理想。我爱我心目中的乌托邦。我爱列宁。但坦率地说，我那时还不怎么知道爱斯大林。我爱这"人的新世界和新世界的人"（安娜·路易·斯特朗语）。我深信"知道苏俄的未来，就知道人类的未来"（秋田雨雀语）。于是我放弃了手头正在翻译的波哥定的话剧《带枪的人》——虽则我在《救亡日报》编印的《十日文萃》第三期（一九三八至三九）上已经为文介绍过这部苏联剧本——决心翻译《列宁在一九一八》。[①]

但很快，陈原从桂林回到了韶关，随后又撤退到了广东西北的连县星子镇，在镇子里的一间破旧的小阁楼上翻译这本书，译完后取名为《一九一八年的列宁》，"我那时以为非如此不足以'确切'表达原书的本意"。在译后记中，陈原描绘了当时的气氛："初读这本小说，是在一个后方大城市的郊外，是在一个炎热的下午。如今外边已刮着

---

① 陈原：《面包会有的，一切都会有的！》，载《隧道的尽头是光明抑或光明的尽头是隧道》，商务印书馆 2002 年版，第 132—133 页。

北风，严冬已经到了吧。我译完五万言，向着窗外遥望那北风吹折了的树枝；我默然沉思，不知这本东西能否在那狂暴北风中，传达到读者的手里。"①明明是在舒适的春天读到这本小说，陈原却说是在炎热的下午，原来，陈原这是在用"伊索寓言"式的隐喻，来形容当时的社会氛围和政治气候，所谓炎热，所谓严冬，所谓狂暴的北风，所谓北风吹折了的树枝，都是有所指的。

为了翻译好这部作品，陈原觉得首先得熟悉 1918 年这个苏维埃国家所处的形势。陈原不满足于《联共（布）党史》"那种过分概括的分析（或者用现代的说法，教条主义的分析，枯燥无味的文字，"扭曲了"的历史事实）"，于是研究了手边的英文版多卷本《列宁选集》中，这个时期的所有论文和演讲，并在译后记中引用了相关资料。

1940 年初，陈原带着译稿回到了韶关，并把稿子交给了第四战区政治部（张发奎将军麾下）工作的文化人方天白。方天白和上海神州国光社的关系非常密切，可能还在某一个时期主持过其编务工作。因此方天白看到译稿后，立即建议交给上海神州国光社出版。随后，方天白托人将稿子带到上海，交给了在上海主持出版业务的俞巴林，很快，上海神州国光社用副牌上海言行社名义出版了这本书，并将其列入"外国文学丛刊"中。由于当时上海的邮局规定，图书不在邮递范围之内，但是刊物可以邮递，因此这本书出版后，曾有少量邮寄到桂林、重庆的进步书店销售，而读书出版社出版的林淡秋的另一个译本（名为《列宁在一九一八》）没有能够进入大后方与读者见面。因此陈原的译本成为当时大后方的唯一译本。图书于 1940 年出版后，1946 年

① 陈原：《〈1918 年的列宁〉译后记》，载陈原著，于淑敏编：《陈原序跋文录》，商务印书馆 2008 年版，第 21 页。

在上海再版。

这部作品对陈原来说意义非常：

> 对于我来说，《一九一八年的列宁》这部电影文学脚本，是
> 我从事文学翻译的开始；也是我进入文化界出版界的起点。我进
> 入社会头十年（一九三九年到一九四九年），一共翻译了十四种
> 文学作品，其中两部只排出清样，没有印行，后来原稿也不知去
> 向了。①

（四）《波兰烽火抒情》

从现有资料看，除了上面提到的《不是战争的战争》、《新欧洲》
和《一九一八年的列宁》外，陈原还翻译过《波兰烽火抒情》（初版
时名为《新生命的脉搏在跳动》）、《苏联儿童诗集》、《劫后英雄记》、
《巴尔扎克讽刺小说集》、《地主之家》、《人生的战斗》、《丹娘》、《造
物者悲多汶》、《狗的故事》、《金元文化山梦游记》、《莫斯科性格》等
一系列的文学作品。

其中的《波兰烽火抒情》是由《救亡日报》所属的南方出版社出
版的。这家出版社当年一度十分出名，因为它出版的第一本书就是夏
衍翻译的日本作家石川达三的小说《未死的兵》，赤裸裸地记录了南
京大屠杀的事实，是一部引起巨大反响的报告文学。这本书出版后便
迅速畅销，印行了四五版之多。《波兰烽火抒情》是作为《南方文艺

---

① 陈原：《面包会有的，一切都会有的!》，载《隧道的尽头是光明抑或光明的尽头是
隧道》，商务印书馆 2002 年版，第 139 页。

丛刊》中的一种出版的，丛刊中还收了司马文森的《天才的悲剧》、周行翻译的《人物创造与世界观》等。《波兰烽火抒情》收录的是女作家华西列夫斯卡娅的散文，写的是第二次世界大战中，波兰人在纳粹德国占领后的遭遇。华西列夫斯卡娅是世界著名作家，其长篇小说《虹》在战争时期出版，并得到了苏联文学的最高奖。据陈原回忆，《波兰烽火抒情》的原稿由被查封的《救亡日报》同人（也许就是王仿子）带到了香港，1941年香港沦陷前用华夏出版社名义印行过一版。王仿子在《忆陈原》中则回忆说：

> 我认识陈原是先从认识他的大名开始的。皖南事变后，我到香港，在杜国庠主持的孟夏书店做出版。有一天在印刷厂见到吉少甫在印《苏联名歌选》，封面上有"陈原编译"四个黑体字。在那个年头，我等年轻人，不论白天黑夜时不时要哼几句苏联歌曲，可是从来没有问过，是哪一位像普罗米修斯把天火盗向人间那样冒着风险把红色歌曲偷偷运到国民党的白色恐怖中来。原来就是陈原。从此在我心目中有一个可敬可亲的陈原。
>
> 几天之后，孟夏书店要出版一本描写波兰人民抗击德国法西斯的《波兰烽火抒情》，作者波兰女作家华西列夫斯卡娅，译者陈原。这一回要由我替陈原出书了，又听说陈原也到了香港，我更高兴，我期待着和这位中国的普罗米修斯的见面。突然间一声炮响，香港沦陷，在日军的枪口下是见不到陈原了。
>
> ……
>
> 他告诉我，1941年他携家带口，一到香港就身无分文了，幸好拿到《波兰烽火抒情》的稿费，才有饭吃。他说，这部稿子

是在桂林交给《救亡日报》的，不知是谁把它带到了香港。恰巧当年我在《救亡日报》的南方出版社工作，我说：我可以肯定，除了夏衍，就是林林，不会有第三个人。他对于在逃难时还带着他的译稿的那一位，未能当面道谢，感到歉疚。①

王仿子作为亲历人，其回忆应该是可靠的。那么，在香港印行《波兰烽火抒情》的，应该是孟夏书店，而不是华夏出版社了，其稿费也是由孟夏书店支付的。而将书稿带到香港的，可能就是夏衍或者林林了。王仿子在另一段文字中证实了这一点：

> 《波兰烽火抒情》由救亡日报带到香港，1941 年在孟夏书店印过一版。……此书虽然列入《南方文艺丛刊》，发出预告，但是不及出版，出版社就被迫结束。陈原猜测，他在香港收到的稿酬是《救亡日报》同人寄发的。这一推测可能错了。当时我正在孟夏书店工作。孟夏的生命只有几个月，出了三本书。第一本是葛一虹翻译的苏联剧本《带枪的人》，第二本就是《波兰烽火抒情》，第三本是郭沫若的《羽书集》。《波兰烽火抒情》的稿酬是孟夏书店支付的。②

（五）持续的文学翻译

陈原翻译的《巴尔扎克讽刺小说集》，于 1945 年 4 月由重庆五十

---

① 王仿子：《忆陈原》，《中国出版》2005 年第 11 期。
② 《王仿子出版文集》，中国书籍出版社 1996 年版，第 413 页。

年代出版社出版，分为上下两集。这本书是在抗战的最后一年，陈原在桂林撤退后的旅途中译出的。五十年代出版社的主持者金长佑和梁纯夫看了原稿以后，很快印行了此书。考虑到市场营销效果，书名由《谐趣故事百篇》改为《巴尔扎克讽刺小说集》，只出版了两卷，战争结束，第三卷不知所终。可贵的是，陈原在翻译此书的过程中，又把笔伸向了现实，又从法国看到了中国，从中世纪的种种怪相看到了20世纪中国的社会现实，更描绘了战争中那些执着的文化人的不堪遭遇与落寞心境：

> 这本书的原文，是今年（1944年——笔者注）春天在后方的一个繁荣的山城里看见的。妙处就在这一点：它不在别的地方，而是在这个无奇不有的鬼影幢幢的大都会碰见它。使我吃惊的是，希贡，魔鬼的化身，丹尼宝、沙瓦西，这些西方的魔影，竟时常在大街上显灵。正所谓：地无分东西，时不论古今，凡是有人的地方，总会有假道学家，伪善者，吝啬鬼，以及杀人而致肥，谄媚以兴家的。巴尔扎克的"逸事趣闻"，可不就是我们蝼蚁众生久已积压在心头的恨与笑的爆鸣么！于是趁着一个朋友劝我把它译出来之际，便下了决心来"修一回苦行"了。不料决心一下，便不得不挟着未完成的稿本，走过三省；又不料刚走到先前的所谓文化城时，虽然敌骑还在三四百公里以外，这个城便已下了命令，说是要紧急疏散了——于是我不得不扶老携幼，跟随着经验了八年战争却还不免仓皇失措的市民们，跑到百里外的一个小镇。正如一张报纸的社论所谓："在这短短一个月多的时间里，正不知有多少人

沥尽了眼泪。……这些人，平时奉公守法，安贫乐业，维持一家生活，本已拮据万状，现在受到意外的打击，自然更不得了。"而我，便是"这些人"中间的一个。"安贫乐业"，这正是古今文人珍贵的节气，要是文人而不安贫，便早已出些小计，个个像希贡似的都该成为显赫的望族；或跑女人的路线，也应得到周里安身受的光荣了；无奈"这些人"宁贫而不肯屈膝，于是在多难之秋，既不能杀人以致肥，又不甘谄媚而兴家，就只好默默的挣扎在凄苦的道路，充其量只能写译一些趣闻逸事，这，如果你以为"这些人"故作清高，瞎谈风月，或竟以为他们怀才不遇，又乏美女垂青，这未免铸成大错了。世间尽有物尽其用的地方，但此时我们还没有这样的福气。没有福气算得什么呢？此时——多少执笔的被人白眼，亲戚友朋都目为傻瓜，或更因利乘便，硬把他当作一条牛来榨他的乳，临到发现他可不是牛时，就向他肚里刺两三刀泄气。这才是"这些人"无可比拟的痛苦呢。……①

陈原还主编了《世界文学连丛》（世界文艺丛书），出版过《青铜的骑士》（用普希金的一首诗作为书名）、《沙逊的大卫》（苏联一个少数民族的民间史诗）和《量规虫》（用高尔基主编的《工厂史》中的一篇题目作为书名）。其中，《量规虫》是一本译文合集，译者是何家槐。图书出版后，其中却没有《量规虫》这一篇。原来这篇小说内容讲的是一个美国机器工人（熟悉量规技术的工作，被美国俚语称为量规虫），在第一个五年计划时期到苏联去帮助建厂的故事。虽然在内

---

① 陈原：《〈巴尔扎克讽刺小说集〉译者前记》，载陈原著，于淑敏编：《陈原序跋文录》，商务印书馆 2008 年版，第 80—81 页。

容上没有刺激性的政治内容，但因为是高尔基主编的《工厂史》之中的一篇，因而极有"赤化"的嫌疑，所以被国民党图书审查委员会禁止出版。所以只好抽掉了这一篇，但由于之前书名已经审查通过了，所以不能更改，也不能在书中解释书名的由来，于是就有了这本"缺了《量规虫》（篇名）的《量规虫》（书名）"。

这套丛书本是筹备中的刊物《世界文艺》的副产品，因为刊物未获审批，便只好以丛书的名义出版了。这本难产的《世界文艺》，陈原是这么来规划的：

> 发刊《世界文艺》的目的很简单：要切切实实介绍几篇世界文艺作品，却不一定篇篇都是精华，但总不肯粗制滥译。著者译者辛勤的劳作，出版者切实的发行，读者不客气的指教，凡此都使《世界文艺》能够默默地脚踏实地的出下去。
>
> 出版并不定期，视财力印刷稿件这些条件而定。或每月出四五册，或两月出一册，但相信总不会有头无尾。每辑的字数亦不严格规定，约莫由五万言到十万言。原著不论古典现代，译者也无分老将新人。每本或为一个作家的专集，或为几篇作品的合集。总之是，不讲形式，不求多产，要结实，要有分量。如果因作品的魅力和著译者的劳作，而得到几个读者，使出版家不致赔本，写稿人不致饿死的话，那么，这将会一直出下去，并且一边出一边改进它自己！①

虽然最后写稿人不致饿死，但结果出版家果然赔了本，这套丛书

---

① 陈原著，于淑敏编：《陈原序跋文录》，商务印书馆 2008 年版，第 51—52 页。

也就有头无尾了。这套"连丛",即是由前面提到的佘纲舜成立的萤社出版的。出版这三本书之后,由于资金用完,萤社也就只好自行消亡了。

四、出版救国梦

(一) 界外人与界中人

在一本书的前记中,陈原这样定位自己:"我是界外人。何谓界外人?就是说,这种人很难界定他属于哪一界。或者他根本就不属于哪一界。我想起半个多世纪前,即八年抗战结束后,见到师友郑振铎,他笑嘻嘻指着我说,你怎么变成一个'两栖类'。我明白,他说的两栖类是指我不专心搞文学,却杂七杂八地写不三不四的东西。"[①]虽然"杂七杂八地"写了很多"不三不四的东西",但陈原一生的轨迹都还是与出版活动紧密相连的。他所写的许多作品,都通过出版活动传达到读者手里,他自己,更是在许多时候亲力亲为,从事图书的编辑出版发行等具体活动。正如他在一本自传性的集子中所说的那样:"我的一生平淡无奇,没有做过什么值得回味的大事,不值得写回忆录。我这一辈子只同书打交道,我记下的只是跟书以及由书及人有关的实事和断想。"[②]

---

① 陈原:《界外人语·前记》,商务印书馆 2000 年版。
② 陈原:《隧道的尽头是光明抑或光明的尽头是隧道·新版序》,商务印书馆 2002 年版。

据统计，在 1939—1949 年十年间，陈原先后著译出版了四十多种图书，其中地理学 9 种，音乐作品 6 种，国际政治 8 种，文学翻译 18 种。他还在《救亡日报》、《读书与出版》、《新文化》、《世界知识》等报刊发表了大量的文章。这些，都可以看作是陈原在实践自己的出版救国梦。

1938 年 12 月，刚刚大学毕业的 20 岁的陈原，亲历了广州沦陷前的大撤退，他以生动的笔调描述了大撤退的真实情况，所写的长篇通讯《广东民众在紧急动员中》连续发表在金仲华主编的香港《星岛日报》上。此后，陈原积极投身各种文字和出版活动，其著作本身即可看作那个时代的缩影。

（二）不是地理的地理

翻检陈原十年间的著述，可以惊奇地发现地理学居然是其中的重要部分，短短的十年时间里，陈原编著、写作、翻译了不下 15 部关于中国地理、世界地理的图书，其中包括自然地理、经济地理、政治地理。中华人民共和国成立后的第一部供初级中学使用的外国地理课本，也出自陈原之手。

陈原地理学的成名之作《中国地理学基础教程》，其实是无心插柳之举。1939 年春天，陈原在桂林参加了新知书店的工作，正式成为一名出版人。桂林在当时俨然一个文化中心。由于桂系的李宗仁、白崇禧和蒋介石之间有矛盾，并且在抗日态度上比较坚决，所以广西一时就成为政治气氛相对宽松和自由的地方。在武汉、广州弃守以前，就已经有一大批文化工作者来到了桂林，先后有王鲁彦、熊佛西在这里创办大型的文艺杂志。戏剧家欧阳予倩应聘担任了广西省艺术馆馆长，在这里创作了话剧《忠王李秀成》，改编了京剧《新潘金莲》。新知书店理事张锡昌因为"中国工会"的关系，在这里编印《中国工业》月刊，以后又兼任广西建设研究会的机关刊物《广西建设》的编辑，和广西地方代表人物建立起了十分密切的联系。桂林每天出版五种大报：《广西日报》、《大公报》、《扫荡报》、《力报》和《救亡日报》。胡愈之和范长江在这里办起了国际新闻社和中国青年记者协会。聂绀弩在《力报》编辑文艺副刊《新垦地》，聚集了一批作家。而革命文化人则主要聚集在以郭沫若任社长、夏衍任总编辑的《救亡日报》周围。田汉还在这里成立了"新中国剧社"，把桂林的戏剧运动搞得轰轰烈烈。而新知书店总店也从武汉迁到了桂林，出版了夏衍新创作的话剧剧本《法西斯细菌》和《心防》等图书。①

新知书店的编辑部设在桂林东郊的施家园。编辑部只有两三个人，主要负责人是姜君辰，陈原在广州的抗日救亡运动中已经结识了他。除了他们，还有一名从延安来的年轻人许静。陈原的第一项工作任务，是搞一个出书计划。当时编辑部准备编印一套名为《奋斗的中国》的丛刊、出版一套"中国化"的学术丛书，要有"中国作风"和"中国气派"。在姜君辰的指导下，陈原起草了两套书的缘起和选题计划，并自己刻好了蜡版，油印了几十份去广泛征求意见。

按照计划，《奋斗的中国》不仅宣传八路军和新四军的抗战事迹，其他抗日部队和地方力量的事迹也在宣传之列。陈原和姜君辰一道，去当时桂林接待高级军政要员的招待所——乐群社，拜访张

---

① 朱希：《抗战时期桂林文化城和桂林远方书店的几点回忆》，《出版史料》1993 年第 1 期。

发奎第四战区司令部的少将衔参议左恭,听取他对丛刊的意见和看法。左恭的意见是,这套丛刊计划很好,很有价值,目标也很明确,但是实施起来很有困难。结论是,与其上了马遇到不可克服的困难再下马,还不如现在就不上马,去做其他能够实现的工作。于是《奋斗的中国》就此搁下,陈原把主要精力投入到了"中国化"丛书之中。

"中国化"、"中国作风"、"中国气派"是毛泽东在 1938 年 10 月召开的党的六届六中全会上所作报告的重要内容。在这次会议上,毛泽东首次提出了"马克思主义中国化"的问题,其中有这么一段话:

> 洋八股必须废止,空洞抽象的调头必须少唱,教条主义必须休息,而代之以新鲜活泼的、为中国老百姓所喜闻乐见的中国作风和中国气派。把国际主义的内容和民族形式分离开来,是一点也不懂国际主义的人们的做法,我们则要把二者紧密地结合起来。

这套丛书提出的中国化,应该就是由此而来。

据陈原回忆,这套丛书约过不少作家,其中预定编入丛书甲种本的有杨东莼的《教育学》、姜君辰的《社会学》、翦伯赞的《历史学》(即后来在新知书店出版的单行本《历史哲学教程》),以及陈原计划撰写的《文化人类学》——不过这部书最终没有写成。预定编入乙种本的图书中,陈原印象最深的是张天翼的童话:"我曾同张天翼通过多次信,希望他用童话形式写一部帝国主义故事——张天翼那时也在湖南，我读过他发表的半童话半论文似的、讲垄断兼并的文章。我很欣赏，推荐给姜君辰，他也认为写成一部帝国主义故事，极有意思。我至今——五十年后——还清楚记得，张天翼以他的生花妙笔，写到一家托拉斯，专做大粪生意；另一家托拉斯，专做香水生意。两家垄断资本后来由于这样那样的原因，兼并为一个国际卡特尔（即现在说所的"跨国公司"），就取名为'大粪香喷喷公司'，大粪而又香喷喷，不能不令人笑破肚皮，可是寓意却是非常深刻的。后来这套丛书胎死腹中，张天翼另外写成《金鸭帝国》，其实写的就是帝国主义的故事。"①

在选题计划中，还有一部地理学著作。由于没有约到合适的作者，陈原最终承担了写作任务。在《我的小屋，我的梦》一书中，陈原是这样回忆该书的写作缘起的：

> 不记得是干校（广西干部建设学校——笔者注）的哪一位朋友，忽一日到我的小屋来，要我编写一部地理课本，希望这部地理课本不仅提供地理知识，还要阐明地大物博抗战必胜的道理，消除那时因上海、南京、武汉、广州这些大城市相继沦陷引起的悲观情绪。
>
> 我自问不是编写这课本的合适人选，恳切地再三推辞，我说我不是学地理的，只在我的工程专业学习时学过一年大地测量，对地理实在只有一知半解；来人说，现在正需要学过一点科学的人来做科学普及工作，何况这是政治任务，你就勉为其难罢。一

---

① 陈原：《不是地理的地理》，载《隧道的尽头是光明抑或光明的尽头是隧道》，商务印书馆 2002 年版，第 55 页。

提政治任务这大帽子，我无法抵抗，只好答应了。[①]

而陈原在《不是地理的地理》一文中，回忆稍有差异：

　　我那时有点狂妄自大，自称想试一试，姜君辰说好，这就定下来了；新知书店其他领导如徐雪寒、华应申也鼓励我试一试。于是我就当真去试了。

　　我在大学时不是学地理的，但是我对地理这一类学科却有着浓厚的兴趣；这兴趣得自读高中教地理的一位留美博士，那时用的课本是商务印书馆出版的英文本《世界新地理》。这位可尊敬的博士给我留下深刻印记的，坦率地说，不是地理知识，而是正义感和爱国心；因为他每次上课，讲了几分钟课文之后，便用英文夹杂着中文海阔天空地"聊"起来，有时甚至破口大骂，骂那时的政府不抵抗，骂贪官污吏腐败无能，糟蹋天物，破坏自然环境，弄得民穷财尽。这位教授讲了一年课，老实说，他对我的启发，政治知识比地理知识更多些——甚至可以说是他的启发诱使我下决心写一部结合中国实际的中国地理，或者说，"中国化"的地理。当时抗日战争已经进行了一年有半，然而在国民党统治区，一个接着一个城市沦陷了，上海、南京不必说，在一九三八年十月间，武汉、广州这样的重镇相继陷落。人民的生活一天比一天困苦了，而投降派则肆意活动，发展为一九三八年十二月汪精卫的叛逃。其时，投降派散播了所谓中国地大而物不博，抗战

---

① 陈原：《我的小屋，我的梦》，浙江文艺出版社 2005 年版，第 47 页。

抗不下去的悲观论调，这种情绪感染了、侵蚀了很多很多善良的老百姓。针对这种情况，我想写一部"中国化"的地理——或者如现在所悟到的，写一部不是地理的地理，从各个方面分析我们的处境，反驳投降论调，加强抗战必胜的决心。①

虽然两处的说法不太一致，但有一点可以肯定，那就是这部书稿的产生，在很大程度上源自陈原对抗战形势的忧虑，对抗战悲观论调的强烈反感。针对这种投降论调和消极情绪，鲁迅先生写下了著名的《中国人失掉自信力了吗》：

> 从公开的文字上看起来：两年以前，我们总自夸着"地大物博"，是事实；不久就不再自夸了，只希望着国联，也是事实；现在是既不夸自己，也不信国联，改为一味求神拜佛，怀古伤今了——却也是事实。
>
> 于是有人慨叹曰：中国人失掉自信力了。
>
> 如果单据这一点现象而论，自信其实是早就失掉了的。先前信"地"，信"物"，后来信"国联"，都没有相信过"自己"。假使这也算一种"信"，那也只能说中国人曾经有过"他信力"，自从对国联失望之后，便把这他信力都失掉了。
>
> 失掉了他信力，就会疑，一个转身，也许能够只相信了自己，倒是一条新生路，但不幸的是逐渐玄虚起来了。信"地"和"物"，还是切实的东西，国联就渺茫，不过这还可以令人不久就

---

① 陈原：《不是地理的地理》，载《隧道的尽头是光明抑或光明的尽头是隧道》，商务印书馆 2002 年版，第 55—56 页。

省悟到依赖它的不可靠。一到求神拜佛，可就玄虚之至了，有益或是有害，一时就找不出分明的结果来，它可以令人更长久的麻醉着自己。

……

我们从古以来，就有埋头苦干的人，有拼命硬干的人，有为民请命的人，有舍身求法的人……虽是等于为帝王将相作家谱的所谓"正史"，也往往掩不住他们的光耀，这就是中国的脊梁。

这一类的人们，就是现在也何尝少呢？他们有确信，不自欺；他们在前仆后继的战斗，不过一面总在被摧残、被抹杀，消灭于黑暗中，不能为大家所知道罢了。说中国人失掉了自信力，用以指一部分人则可，倘若加于全体，那简直是诬蔑。

要论中国人，必须不被搽在表面的自欺欺人的脂粉所诓骗，却看看他的筋骨和脊梁。自信力的有无，状元宰相的文章是不足为据的，要自己去看地底下。

而陈原，无疑就是这群"中国的脊梁"中的一个，他企图通过这本"不是地理的地理"，唤起中国人的抗战热情和胜利信心。

在这部书稿的写作过程，陈原离开了桂林，去韶关避难（逃壮丁）。在一家慈善机构办的"平民宫"里——其实就是一个破庙改造成的极廉价的旅馆，用木板隔成几个单间——陈原继续书稿的写作。住进"平民宫"不久，陈原在教会办的河西医院看病时，遇到了分手多年的、从延安回来的女伴罗娴。罗娴得知陈原的写作计划时，给予了极大的精神鼓励，并且提出了非常重要的一个建议。那就是在书稿的最后，专门有一节来讲地理环境与社会发展。"我此刻还记得她那有力的嘱咐：必须写这么一节。懂么？这是画龙点睛，要不，你干嘛写这部书？懂么？我那时似懂非懂，但是我照她的建议，写了这一节作为结论。现在我懂了，我真想向她说：我懂了，我懂了；然后指望听到她那爽朗的笑声。"[①] 然而罗娴此后不久，便因为叛徒出卖被捕牺牲了。这也成为陈原心中永远的痛，因此在多年后的回忆文章中，要将这部《不是地理的地理》献给罗娴。

受到美国地理学家葛德石（G.Gressey）的著作《中国地理基础》（*China's Geographic Foundations*）的启发，陈原把自己的书稿命名为《中国地理基础教程》。出版后，虽然受到了广大读者的喜爱，但也有人看不惯，说"这本书连地图也不如！"但陈原强调说，从书名就可看出，它着重分析的是地理基础诸因素，这就注定了它将是一部"不是地理的地理"，注定它是一种在"地理基础"的帷幕下汇集起来有关我们的祖国大地，我们的社会，我们的文化，以及我们的人民的许多"因素"的"大杂烩"。陈原在该书的《告读者》中也说："这是用新的观点来探讨中国地理基础因素的小册子，它所牵涉的范围相当广泛，但绝不是高深学理的探讨，也不是地名的堆砌。"[②] 他意图传达给读者的不是单纯的地理知识，而是爱国、爱人民、反投降、反侵略的明确信息。

这本书于 1940 年由桂林新知书店出版发行，虽然用的是粗糙的黄色土纸，但"销路出乎意料的好"，于是桂林文化供应社 1941 年再

---

① 陈原：《不是地理的地理》，载《隧道的尽头是光明抑或光明的尽头是隧道》，商务印书馆 2002 年版，第 58—59 页。

② 陈原著，于淑敏编：《陈原序跋文录》，商务印书馆 2008 年版，第 24 页。

版了此书。

桂林文化供应社成立于 1939 年 10 月，是救国会与广西建设研究会合办的，它是个出版兼发行机构，陈劭先任社长，陈此生任总务部主任兼秘书，胡愈之任总编辑。当时，桂系的主要人物李宗仁、白崇禧、黄旭初等搞了一个广西建设研究会，表面上是一个学术研究团体，本质上却是桂系联系各方政治势力的一个政治组织，也是桂系主要的智囊团和咨询机构。[①] 胡愈之被聘任为该会的研究员，并担任该会的文化部副主任。该会聘请的研究员还有李四光、欧阳予倩、杨东莼、姜君辰、千家驹、夏衍、范长江，等等。老共产党员、教育家杨东莼，与广西当局约法三章，包干筹办了广西地方建设干部学校，培训县乡级干部千余人，被誉为"南方抗大"。文化供应社任用了生活书店的得力干部，资金则由救国会提供一部分，先后编印了上百种书稿，出版了一些通俗读物、农村抗日读本，都是小册子，但销路都非常好。朱希撰文回忆道：

广西当局对文化供应社的高级职员待遇甚厚，是尊为"客卿"，优礼有加的。傅彬然、宋云彬、邵荃麟等人，都有一个"广西省政府参议"或"广西绥靖公署咨议"名义，除了每月领取职务工资一百元外，还由广西建设研究会出纳邱某代领"参议"、"咨议"干薪一百元，按月送来。桂林当时物价平稳，秦似为科学书店总编风靡大后方的杂文月刊《野草》，每月只领编辑费三十元，可见一斑。桂系头头还学"蒋介石校长"的做法，给

① 李文：《胡愈之在重庆》，《出版史料》1990 年第 2 期。

"客卿"们题赠大照片:"×××先生惠存,李宗仁赠",让他们挂在屋里,以示保护。①

除了文化供应社和新知书店的版本外,华北书店 1943 年分上下册出版了此书。此后,在重庆、冀南、左权等地印行,冀南书店 1946 年也出版了此书,并在《出版者的声明》中称:"原著附有地图多幅,因印刷匆匆,不及附入。"上海也用原型纸印了一版,分销到香港和南洋。

大约在 1943 年,陈原在桂林实学书局时,得到了延安托人带过来的延安版《中国地理基础教程》,顿时"使我的小屋增添了无限春意"。延安作为革命的圣地,作为抗战的坚实基地,自己的图书居然在那里印行,陈原"感到自己已被认为是我们这个队伍中的一员了"。《中国地理基础教程》在延安的出版,是经由齐燕铭之手办理的。在《记齐燕铭》一文中,陈原这样描写道:

有机会跟燕铭同志面对面谈话,是在我知道"齐燕铭"这三个字和中共(和谈)代表团秘书长这可敬的职称之后很久很久,那时北京已经解放多年了。

那是一个晚上,在他的办公室里,对话是这样开始的:

——咦,我以为你是个老先生啦! 他说。

——哎,怎么以为我是个老学究呢? 我说。

——是这样的——在延安时我们印过你一部书,我经手办

---

① 朱希:《抗战时期桂林文化城和桂林远方书店的几点回忆》,《出版史料》1993 年第 1 期。

的，我看过这部书，心想著者该有相当年纪了……他说。

——我收到过样本。油光纸单面印的，延安捎来过一本。那正是白区透不过气来的时候，这印本给我带来过很大力量。原来是你主办的，谢谢你了。我说。

——别谢我。这是组织的力量。可我把作者身份猜错了……①

《中国地理基础教程》在延安出版后，长江以北许多地区也都相继翻印了此书，中华人民共和国成立之初，陈原曾得到过将近十种不同的版本，由此可见此书传布之广、影响之大。此书使用范围较广，如冀南书店 1946 年 8 月在威水印制的一版，书中的《出版者的声明》说："本书为陈原所著，于一九四〇年出版。立论正确，材料丰富，是一本研讨中国地理基础因素的好书，虽出版时间较早，但仍可供高小、中学地理教学参考和干部自修之用。"全书共有五部十四章，可谓是包罗万象，与我们现在的地理教科书大不相同。第一部讲的是土地，包括疆土、边防、地形、气候、地质、资源等；第二部讲的是人民，包括人口、移民、民族、语言、教育等；第三部讲的是政治、财政、金融；第四部讲的是交通、运输、贸易；第五部讲的是工业和农业，最后一章论述列强在华的经济势力与日寇在沦陷区内的经济掠夺。最后两节，则是陈原在罗娴建议下写作的结论。在结论中，陈原说：

地理环境因之能影响社会的发展，但不能决定社会的发

---

① 陈原：《不是地理的地理》，载《隧道的尽头是光明抑或光明的尽头是隧道》，商务印书馆 2002 年版，第 61—62 页。

展。……如果你了解上面的话，那么通常为了"地大物博"的中华而自骄自大，希望敌寇自己会消灭在这"地大物博"的土地上面，而"最后胜利"就会飘飘然地到临的，这些理论，你就可以明白它的荒谬了。天才的革命家早就说过如此的警句：太丰富的自然，能引起人类像婴孩一样的依赖性。

所以，广阔的土地，肥沃的农田，丰富的资源，复杂的地形，蕴藏的能力（energy），以及可航行的多数河川，这一切所构成的中国地理环境，加上众多的人口，不但是抗战胜利的基础，而且没有了这些地理条件，我们的抗战简直不能进行，即使进行，也不能持久有如今日。但是必须有这样的认识：即光是这些地理环境，哪怕是非常有利的地理环境，如果没有人为的努力，如果没有伟大的变革，如果国家内部的经济生活和政治生活的组织不加以改进，最后胜利是不会从天上掉下来的。只有在合理的经济政治的组织的基础上而充分利用并且变革我们的地理环境，我们才可以得到胜利和繁荣。[①]

这些结论一方面很明确地赞同抗战持久论，认为抗战一定能取得最后的胜利；另一方面又指出单凭客观的地理基础并不能完成救亡大业，必须通过政治体制的改革等一系列新举措来实现。所谓"人为的努力"，所谓"伟大的变革"，所谓"改进经济生活和政治生活的组织"等等，都是一种隐晦的表达。

按照原来的计划，陈原打算要写三本地理学小册子，《中国地理

---

① 陈原：《不是地理的地理》，载《隧道的尽头是光明抑或光明的尽头是隧道》，商务印书馆 2002 年版，第 65—66 页。

基础教程》是第一本，第二本是计划用游记体裁写成的区域地理，第三本是以战役为中心的军事地理。在写作这本书的同时，陈原还陆陆续续写着一本《少年中国地理常识》，但写了四五千字后就难以为继了，"首先是不活泼，不深入，其次是不具体，不和孩子们的生活与思想联在一块"。虽然最终其他几本书都未写完出版，但这本书却为陈原的地理学系列著作开了个好头。

虽然陈原自己没有写作出游记体的区域地理，但是他却翻译了米哈伊洛夫的《苏联新地理》这本游记体的地理著作。这本书是描写苏联地理环境的通俗著作，是用在地图上旅行的方式写成的。陈原的译本于 1949 年 12 月由上海海燕书店作为"苏联研究丛书"之一种出版，《读书与出版》杂志曾连载此书。全书的语言带有鲜明的时代特征，充溢着爱国主义的激情。如写到拉多加湖时，自然就联想到了卫国战争：

就在这堡垒附近，极目远眺，可以看见巨大的湖，湖面一直消失在辽远的地方。……在列宁格勒被围时，这个湖所起的作用是很值得惦记的。当包围圈紧缩的时候，列城唯一的出路就是渡过拉多加湖。列城的人民曾必须咬紧牙根，束紧腰带，等待冬天湖水结冰，然后在那上头造成一条足供载重汽车行走的道路。这条路成功了列宁格勒的生命线。尽管这条冰路离开前线很近，尽管德国空军用高度爆炸弹炸碎冰块，但是整个冬天仍经常有无数的载重汽车，驶过这个湖面。[1]

---

[1] 陈原：《〈苏联新地理〉译者前记》，载陈原著，于淑敏编：《陈原序跋文录》，商务印书馆 2008 年版，第 183 页。

除了这几本书，陈原还翻译和写作了《世界地理十六讲》、《中国地理讲话》、《中国地理基础》、《世界地理基础》、《世界政治地理讲话》、《亚洲人民民主国家地理——朝鲜·越南·蒙古》、《欧洲人民民主国家地理》、《苏联学校的地理教学》、《苏联及其十六个加盟共和国地理》等十五六本地理图书，涉及地理学的方方面面。背后的写作动机，依然是强烈的爱国主义情感：

> 你和我是多么幸福啊，生活在这样一个变革的时代。你亲眼看见荒芜的土地怎样住满了人；你亲眼看见高山深谷里，怎样敷设了铁轨；你亲眼看见敌人的炮火怎样毁去了房屋和田园，怎样杀死了我们的妇人和孩子；这些，你说，不是值得大家都知道得清楚些的么？——血和泪的债，要知道得清楚些，有一天，我们要向敌人索回的呢；我们祖宗住了几千年的土地，和土地上面的一切，也要知道得清楚些，你当然年青，我也还年青，我们不知道这些，怎样生活下去呢？而我们同时代的人的血汗成果，也得知道得清楚些，会有一天，你老了，我也老了，必须给儿孙们讲故事的时候，这就是最好的故事……①

《世界地理十六讲》是由桂林的实学书局出版的。1941年1月5日，震惊中外的皖南事变发生了。在桂林的生活、读书、新知三家店的门市部先后被迫停业。根据党的"隐蔽精干，长期埋伏，积蓄力量，以待时机"的方针，三家书店以各种名义建立了许多一、二、三线

---

① 陈原：《〈中国地理讲话〉代序》，载陈原著，于淑敏编：《陈原序跋文录》，商务印书馆2008年版，第68—69页。

的出版机构。一线出版机构出版党的政策文件，党的领导同志的著述，马列经典著作；二线出版机构以苏联文学和进步的社会科学著作的出版为主；三线出版机构主要出一些实用的知识性的普及读物。实学书局就属于其中的三线出版机构，是由桂林新知书店总店命令蒋逸北于1940年冬至1941年春之间筹建的。按照上级的指示，实学书局的目的是隐蔽干部，团结同业，经营邮购，联系读者，出版读物，与国民党进行"合法斗争"。书店"出版了一些内容严肃的实用参考书，如《战时国文教材》、《最新公文程式》、《金融工商界应用文》、《英语分类词汇》、《世界地理十六讲》等。这些书内容是知识性的，然而有的却按照我党抗日建国纲领来编辑，寓观点于知识之中。"①

而陈原在其地理学著作的写作过程中，坚持其一贯的通俗性、基础性和可读性，《中国地理基础教程》的风格得以在这些作品中发扬光大，并形成陈原自己的特色：

> 你知道，我要写一本活动的地理。你怕上地理课，难道我不晓得么？但我偏要为你写这本书。你鼓起了嘴说：我讨厌一大串一大串地名。但是我这里偏就没有一大串。并且，当地名和实际的生活联在一起的时候，你就绝不会讨厌它的。先前的水果摊上表明了"天津梨子"和"良乡栗子"，正如这里的食品店里写着："新到四川白木耳"、"正美国哔咭"，难道你讨厌这些地方的名字么？……你读完第一回，你一定会读下去的，因为我写的地理是一本活的地

---

① 李梅甫：《李易安同志与实学书局》，《出版史料》1991年第4期。

理。我告诉你地理环境这一年起了些什么变化，它怎样限制人类的活动，人类又怎样冲破了它的限制。这就是我要写的事情。……我为你写的不是一本枯燥的地理书，我呈现给你一幅图画——在那上面，绘上了我们的祖先，我们的同时代人所受的苦难，也留下了奋斗的痕迹。并且发放着我们熟悉的泥土的芬芳……[①]

（三）时政类著作

除了地理学著作，陈原还在报刊发表了大量的政论性文章，同时编著出版了一批政论性著作和政治类作品，如《抗战与国际宣传》、《世界形势新讲》、《世界政治手册》、《现代世界民主运动史纲》、《美国与战后世界》、《变革中的东方》、《战后美国经济剖视》等等。这些著作都能紧扣国际国内形势及读者的需求。如《抗战与国际宣传》，于1938年7月作为《抗战丛刊》之一种出版，对国际宣传的意义、平时和战时的国际宣传、国际宣传的工具、国际宣传的基本原则、国际宣传的材料、实际工作的技术知识等进行了介绍，对中国当时对外宣传抗战形势，争取国际支持，都具有很强的针对性和启发性。这些出版物也非常讲究文学性和哲理性，如在《世界形势新讲》的序言中，陈原这样写道：

这里，我带你从侧面看世界，从后面看世界，从历史的行程里看世界，从英雄的史诗里看世界，从小丑的可怜的悲剧里

[①] 陈原：《〈中国地理讲话〉代序》，载陈原著，于淑敏编：《陈原序跋文录》，商务印书馆2008年版，第68—69页。

看世界。

我带你到"昨天"的领域的门口，我只希望提醒你别再陷入"昨天"里面的深渊；我带你朝"今天"迎上去，要看"今天"的景色，还要靠你自己张开眼睛。我没有提"明天"。但假如你知道了昨天和今天，难道还不懂得什么地方藏着"明天"吗？①

同样在这本书里，第七讲只有书眉和章题，内容为空白。陈原在书籍中运用空白的艺术，或许就是从这里开始的。于淑敏推测，《商务印书馆大事记》中为人称道的对于"文化大革命"的空白处理，或许就源于这里。

陈原和石啸冲曾合著《世界的逆流——第三次大战会爆发吗?》一书，在读者中引起强烈的反响。此书是在"文萃事件"的大背景下出版的。《文萃》创刊之初主要以选摘重庆、贵阳、昆明、成都等"大后方"报刊上的文章为主。1946年初，共产党为加强对《文萃》的领导，成立由孟秋江、黎澍、王坪、黄立文、计惜英组成的理事会，黎澍任主编，《文萃》杂志逐渐改为以刊登特约专稿或作者投稿为主。李南山、公孙求之（胡绳）、宦乡、乔木（乔冠华）、马叙伦、马寅初、周建人、施复亮等经常为《文萃》执笔政论性文章；郭沫若、田汉、茅盾、骆宾基、刘白羽、臧克家、丁聪、方成等文化界人士也常为刊物撰作文艺作品。由于《文萃》刊出的政论性时评、通讯、专访等文章大胆揭露了国民党破坏和平、发动内战的真正面

---

① 陈原：《〈世界形势新讲〉序言》，载陈原著，于淑敏编：《陈原序跋文录》，商务印书馆2008年版，第66—67页。

目，很快就成为国统区民主人士和进步青年的必读刊物。发行量最多时，在全国有三十多个特约经销处，还出版过合订本、北平航空版等。这自然也引起了国民党当局的不满，中统特务开始对《文萃》进行侦查。1947 年 3 月，内战全面爆发，远在香港的胡绳意识到《文萃》的危险，遂给黎澍写信，要他把刊物停了，到香港去。但中共上海局认为上海地下党需要这个刊物在群众中做工作，决定黎澍走后，由陈子涛接任主编。《文萃》开始由 16 开本改为 32 开本，不定期秘密发行。1947 年 3 月，国民党中统局局长叶秀峰为侦破《文萃》案，专程从南京来到上海。7 月 18 日，《文萃》的几名地下发行员在杜美公园（今襄阳公园）和陕西路、亚尔培路（今延安西路）被捕；23 日，友益印刷厂被特务发现，特务还跟踪到骆何民的住所，把隐藏在此的陈子涛逮捕。吴承德也在装订最后一期《文萃》时被捕。①不久，骆何民、陈子涛、吴承德惨遭杀害，杂志的不少读者、作者也莫名失踪。针对这一紧急情况，中共中央上海局文委决定，把当时准备发表和后来针对新形势准备的稿件，分别冠以《新认识丛书》和《国际现势丛书》的名称，通过新知书店总店经理沈静芷交给新知书店上海办事处出版发行。其中，编入《国际现势丛书》的，除了陈原与人合著的《世界的逆流》外，还有梅碧华（陈翰伯）的《中美之间》、吕煊的《反扶日论》等。

《世界的逆流——第三次大战会爆发吗?》指出，当时国际间正翻腾着一股战争的逆流，各国的战争叫嚣都在为这股逆流推波助澜，给人们造成一种错觉，似乎第三次世界大战已经到了一触即发的地步。

---

① 余勇:《〈文萃〉三烈士：陈子涛、骆何民、吴承德》,《人民政协报》2009 年 11 月 19 日。

书中通过大量事实，向读者提出了一系列值得深思的问题：战争的叫嚣为什么会发自美国？这股逆流的根源到底在哪里？以当时的世界形势来看，扭转这股逆流、消除战争叫嚣，建立真正的、永久的和平有无可能？等等。这些图书出版后反响强烈。北京大学、燕京大学等全国高等学校和合肥、青岛等地的读者纷纷写信给新知书店上海办事处，对及时推出这些书籍表示赞许。燕京大学的学生社团火炬社在联名信中说："我们的眼睛都要瞎了，是你们给了我们光明，我们的耳朵都要聋了，是你们告诉了我们真理……"①

（四）几本杂志

在这十年间，陈原直接参与了多种杂志的编辑工作。其中最奇特的一份杂志，大概要数他在桂林施家园居住时和朋友创办的那本了。当时，住在施家园的一群青年漫画家和木刻家黄新波、余所业、刘建庵、赖少其等人，想创办一份美术杂志，用漫画这一形式进行抗战宣传工作。由于条件所限，铜版或锌版不易得，而木刻最容易直接上印刷机，因此这份杂志就取名为《漫画与木刻》，其中的漫画作品也是用木刻制作的。与此同时，住在城里的另一群文化人，主要是刘季平及其好友，计划创办一份给青年人阅读的综合性杂志，这份杂志取名为《工作与学习》。这两个杂志的创办设想几乎同时摆在了新知书店领导的案头。由于资金不足，书店又觉得杂志的创意不错，就建议它们合二为一。最后的办法，是用《工作与学习》作

---

① 俞筱尧：《解放战争时期新知书店出版工作回顾》，《出版史料》1993 年第 1 期。

为杂志的封面，而用《漫画与木刻》作为杂志的封底。从正面开始读，是有关工作与学习的内容；从后面开始读，则是一幅幅的漫画、木刻以及艺术类的文章。陈原作为书店的编辑，承担了合刊的任务，"我从两个编辑集体那里分别取回各自编成的原稿，回到我那小屋，在植物油灯的微弱光线下，看稿改稿，然后算字数，画版式，容不下的稿子抽出来以备下期用，版面有空缺就加上短小的补白或书籍广告"①。

1945 年 5 月，重庆五十年代出版社出版了陈原编辑的杂志《书摘》。这本刊物的诞生，主要是受到西方类似刊物的影响。"把一部长篇巨著摘其精华，而摘录的结果，又自成一书，有头有尾，中间并无剪割痕迹，这是古已有之的了。（著名的《司各特传》七大卷就由原作者 Lockhart 缩编成一卷本。）近年来美国甚至出版了专门摘录好销书的杂志 Omnibook 月刊，《读者文摘》上头也附了书摘一栏。著名的瓦西列夫斯卡的小说《沼泽之光》，就曾在苏联的英文版《国际文学》上刊载了摘录。"对于这个杂志的创办目的及编辑思想，陈原在杂志的前记中说：

> 我们创办这个《书摘》的目的，一方面是借以介绍值得一读的好书，一方面对于不容易买到新书的地方的读者和工作繁忙而又极想浏览新著的读者，也许会有若干微薄的帮助。至于因读了《书摘》所摘某一本书感到极大的兴趣，从而研读和咀嚼这部书的原著时，这就是我们意外的收获了。

---

① 陈原：《我的小屋，我的梦》，浙江文艺出版社 2005 年版，第 45 页。

在技术上我们完全采用 Omnibook 月刊所用的方法，一言以蔽之曰，绝对采用原作的字句，极力使摘录的本身有生命，每册选载四本书为原则。大约每次包括小说两部，报告或与当代问题有关的作品一部，理论性的著作一部。自然是译作兼选的。假如有可能，我们还选摘欧美的新书。每篇的摘录都由专人仔细研读后进行，编者和各摘录者也保持密切的磋商。……①

《书摘》的第一辑收录了姚雪垠的小说《春暖花开的时候》，赵超构的游记《延安一月》，美国作家麦克根西（C. Mackenzie）著、张尚之所译的《罗斯福总统传》，以及美国学者莫·多布著、梁纯夫翻译的《苏联经济新论》等 4 部著作的摘要。第二辑收录了美国作家 E. 派尔著、《书摘》编译的《这是你们的战争》，茅盾的《第一阶段》，曾昭抡的《大凉山夷区考察记》，美国作家 H. 法斯托的《公民汤·培恩》，美国学者约斯腾著、葛一虹翻译的《苏联需要什么?》等 5 本图书的摘要。

除此之外，陈原还参与过一本英文杂志、一本少儿杂志和一本音乐杂志的编辑工作。1938 年，王益从上海到广州，在教育路一条街道上挂出了新知书店的招牌，同时带来了一个名为《国际英文选》的刊物。这本杂志原本是由绿川英子的丈夫刘仁编辑的。绿川英子是一名日本女士，1933 年与东京高等师范文科院选学英语的中国留学生刘仁相识。1936 年抗日战争全面爆发前夜，绿川英子和刘仁结合。婚后两人先后回到中国，积极参加中国共产党领导的抗日爱国斗争。

---

① 陈原：《〈书摘〉前记》，载陈原著，于淑敏编：《陈原序跋文录》，商务印书馆 2008 年版，第 86 页。

1937 年 4 月，绿川英子到上海世界语协会工作，编辑《中国在怒吼》的世界语刊物。后来到重庆，为共产党主办的《新华日报》、《解放日报》、《群众》等报刊撰写文章。上海失陷后，绿川英子在郭沫若的帮助下来到武汉，参加了国民党中央电台对日播音。她全力以赴地向世界揭露日本帝国主义对中国人民犯下的滔天罪行，报道中国人民抗日斗争的英雄事迹。为此，日本东京的《都新闻》恶毒咒骂绿川英子是"用流畅的日语，恶毒地对祖国作歪曲广播的娇声卖国贼"，她在日本的亲属也受到株连，日本军国主义分子竟寄恐吓信给她的父母，要他们"引咎自杀"。1941 年 7 月 27 日，在重庆文化界人士的一次聚会上，周恩来对绿川英子说："日本军国主义把你称为'娇声卖国贼'，其实你是日本人民忠实的好女儿，真正的爱国主义者。"刘仁于 1938 年去了武汉，刊物一时无人接手，于是王益就找到了陈原，希望由他接着办下去。陈原找到了同学洪桥，两人一起用"余虹似"的笔名主编这本杂志。接手后，杂志用了一种特别的开本，增加了很多的国外漫画，内容方面，主要选取各国反侵略的报道以及报告文学。除了从图书馆查找资料外，陈原他们还借来了不少国际进步刊物，如第三国际的通讯刊物 Inprecor，美国的《新群众》，等等，由于内容新颖，图文并茂，深受读者的喜爱，销路也还不错。这本刊物一直办到广州沦陷为止。

1939 年春天，陈原在桂林正式参加新知书店的工作后，参加了杂志《少年战线》的编辑工作。杂志的主编是陆静山。陈原每期为杂志写一篇科普文章。20 世纪 40 年代，读书出版社在桂林办了一本《新音乐》杂志，由李凌和林路主持。由于陈原编辑出版过《二期抗战新歌初集》，又翻译过《苏联名歌集》，并且这两本书都是新知书店出版的，所以，陈原也参与了这个杂志的编辑工作，写过不少关于音乐的文章。

（五）《读书与出版》

而陈原编辑的杂志中，最有名的恐怕要数生活书店的《读书与出版》杂志了。生活书店曾经先后出版过两种以"读书与出版"命名的杂志，第一种创办于 1935 年 5 月，平心、艾寒松、张仲实、林默涵都曾经担任过编务工作；第二种则创办于 1946 年 4 月 5 日，每月出版一期，由史枚主持。陈原参与了第二种《读书与出版》的编辑工作，并在后期全面主持杂志。史枚主持期间，《读书与出版》"是一份外表看来像个书店宣传品似的东西，用六号字排得密密麻麻的，内容却是精美的，文章都是很短的，耐人寻味"。

1947 年，政治形势日益恶化，蒋介石决心挑起内战，中共代表团从白区撤退。撤走前夜，周恩来在马斯南路办事处跟留沪的文化界人士话别，那天被邀请的大约有五六十人，杜国庠和陈原都去了。周恩来讲了一个多小时的话，分析形势，指明动向，增强留沪人员的信心。

事隔五十多年，讲话的具体内容已经不记得了，只是最后两句话永世难忘。他说：我们要回来的，也许很快，也许迟一点，但终归要回来的！他说得斩钉截铁，甚至有点儿悲壮。到会者听了无不动容。那天下着滂沱大雨，散会后，恩来同志用小轿车送杜老回家，也顺带把我捎上了，因为我住在离杜老不远处。……

中共代表团撤退后，胡绳、史枚、徐伯昕、沈志远先后撤往香港，生活书店总管理处也撤离上海了。胡绳和徐伯昕撤走前，分别给我交代任务。胡绳说，你留下接替史枚，继续把《读书与出版》编好，不要把杂志搞得太红，最重要的是千方百计去引导和团结更广大的读者，也让留沪的一些作者有一个说话的处所。徐伯昕告诫我，编辑计划不要搞得太大，守着现在的阵地，着眼未来——记得他让我研究一下如何编辑一本小字典，面向新形势下的中小学生。①

会后，徐伯昕、胡绳、史枚先后去了香港，徐伯昕临走之前向陈原交代，由生活书店每月给几位编委奉送微薄的"车马费"，每月聚会一次。编委会此时共有5人，除了执行编辑陈原，还有杜国庠（即杜守素）、周建人、戈宝权和陈翰伯。

陈原接手后，1947年，《读书与出版》由32开改为25开（大约相当于现在的大32开），篇幅比之前多了一倍，达到60页。杂志内容虽然增加了，但仍然保持以前的那种朴实无华的风格以及迂回曲折做文章的套路，"立场仍然是鲜明的，即人民大众的立场，但态度是温和的，面貌是亲切的"。杂志与孙起孟主持的香港持恒函授学校有着紧密的合作关系，在后期，有三分之一到四分之一的杂志内容，用来刊载学校的信息和某种形式的讲义。杂志的另一个特点，就是团结了广大的读者，并且在杂志周围形成了一个富有情感的联系网。陈原和艾明之、许觉民一起，花费了大量的精力用来答复读者的来信。凡

---

① 陈原：《往事漫忆》，载郑惠，姚鸿编：《思慕集——怀念胡绳文辑》，社会科学文献出版社2003年版。

是读者来信，他们都竭力按照读者的要求去办，或者回信，或者替读者购买书籍，等等。读者提出的各种问题，无论是关于时局的，还是关于学术的，甚至关于私人生活的，编辑部都会按照不同的情况，或者直接回信给作者，或者在刊物上的专栏中把读者来信和编辑部回信一并刊登出来——这个专栏最初名为《信箱》，后来为了容纳更多的内容就改名为《简复》。

陈原们的这项工作显然是受到邹韬奋提出的"一切为了读者"这一出版服务理念的影响，他们也从这项工作中切实体会到了编辑工作的价值，与人交流的快乐：

> 信多的时候，常常作复到深夜。我回想起来，每天晚上一摊开读者来信，就如同打开了窗户，同社会上各个角落的群众谈天。眼前展现出一个错综复杂的世界——我顿时觉得我好像有很多朋友，他们的受难使我痛苦，他们的欢乐使我愉快，他们求知的迫切使我感动。这时，我感到我不是一个人在编杂志，也不是五个人在编杂志，而是成百上千的群众，聚集在我们身边，跟我们一起编杂志。这真是一个编辑所能得到的最大的幸福。[①]

《读书与出版》不是政论性杂志，所以一般不参与各种政治思潮、社会思潮的论证。但在 1948 年第 4 期上，杂志刊登了一篇署名"庞欣"的文章——《总结关于"自由主义"的论证》一文。庞欣是主持《文汇报》笔政的宦乡的笔名。这篇文章主要是针对《自由主义者的

---

① 陈原：《不是杂志的杂志》，载《隧道的尽头是光明抑或光明的尽头是隧道》，商务印书馆 2002 年版，第 72 页。

信念——辟妥协、骑墙，中间路线》的社论所发。

原来，1947年11月，国民党政府宣布中国民主同盟为非法组织后，一些坚持民主信念的知识分子，运用他们掌握的报刊，继续宣扬自己的政治观点。当时影响最大的是两家：一个是储安平主持的《观察》，一个是王芸生主持的《大公报》。《观察》周刊是倡导"第三条道路"最具代表性的自由主义刊物。曾任《观察》主要撰稿人的费孝通回忆说，《观察》是日本投降后到1949年这一段时期知识分子的论坛，知识分子就是好议论，议论需要讲台和刊物，而《观察》及时提供了一个平台，所以一时风行全国。《观察》的作者群大多数有留学欧美的背景，信奉"民主、自由、进步、理性"的基本立场。他们没有党派，被称为"自由思想分子"或"民主个人主义者"。他们尽可能地模糊"政党"或"组织"的概念，表示他们的文章和见解都是个人行为。他们不依附于任何政党，也不偏袒国共任何一方。他们希望能走第三条道路，将中国引向民主。

1948年1月10日，萧乾为《大公报》起草的社论《自由主义者的信念》明确表达了这个立场："自由主义不是迎合时势的一个口号。它代表的是一种根本的人生态度。这种态度而且不是消极的，不左也不右的。政府与共党，美国与苏联一起骂的未必即是自由主义。在政治和文化上自由主义者尊重个人，因而也可说带了颇浓的个人主义色彩，在经济上，鉴于贫富悬殊的必然结果，自由主义者赞成合理的统调，因而社会主义的色彩也不淡。"这条中间道路，受到了执政党和在野党的双向压力。他们对国民党的统治表示失望和不满，发表揭露国民党腐败的文章，同时担心共产党领导的无产阶级革命是一种"以暴易暴"。正如毛泽东所说：

有一部分知识分子还要看一看。他们想，国民党是不好的，共产党也不见得好，看一看再说。其中有些人口头上说拥护，骨子里是看……他们容易被美国帝国主义分子的某些甜言蜜语所欺骗，似乎不经过严重的长期的斗争，这些帝国主义分子也会和人民的中国讲平等，讲互利。他们的头脑中还残留着许多反动的即反人民的思想，但他们不是国民党反动派，他们是人民中国的中间派，或右派。他们就是艾奇逊所说的"民主个人主义"的拥护者。艾奇逊们的欺骗做法在中国还有一层薄薄的社会基础。[①]

1948年5月22日，新华社在题为《旧中国在灭亡，新中国在前进》的社论中指出："在中国人民和人民敌人的生死斗争中间，没有任何'第三条道路'存在。中国现在只存在着两条道路，或者是继续保存人民敌人的武装和政权，这就是大地主大资产阶级领导的半封建半殖民地的卖国独裁路线；或者是消灭人民敌人的武装和特权，这就是工人、农民、独立劳动者、知识分子、自由资产阶级和其他爱国分子的反对帝国主义、封建主义、官僚资本主义的人民民主路线。"1949年，国统区内《华商报》、《正报》等报刊也都公开批评"第三条道路"。

《读书与出版》是较早注意到这一问题的杂志，陈原认为，杂志虽非政论性杂志，但"有责任把论争的焦点以及我们的主张通报给读者"，因此就请宦乡写了一篇综合性的分析文章。"我记得很清楚，是我到宦乡的家'迫'他写出来的；一共去了两次，头一次就文章

---

① 《毛泽东选集》第四卷，人民出版社1991年版，第1486页。

内容谈了一个晚上，第二次去他还未写完，我坐在他的书桌旁'等'着一个一个字写完了。那时写文章是一种战斗，环境虽那么险恶，战斗却不会停止的。用'总结论争'的形式来表达我们的意见，这也是一种曲折的手法。"①这篇文章发表后，引起了很好的反响，不少读者给编辑部写信，表示很欣赏《读书与出版》作出这样的"评论的评论的评论"。

陈原在《读书与出版》的另一个创新，是从1947年9月起，增设了一个专栏，名为"问题解答"。这个专栏的设置缘由，是因为陈原觉得很多的读者来信中，都有"什么是……"，"为什么……"，"怎么样"等一类的问题，在刊物的学习合作栏、信箱栏发表复信已经不够了，因此直接开设了这样一个专栏。《问题解答》主要有两类内容：一类是经济问题，一类是国际问题。经济问题由杨培新担任，后来由钦本立和娄立斋担任，国际问题则由梅碧华（陈翰伯）担任，有时候陈原也以"贝逊"（这是陈原翻译福斯特《新欧洲》一书时所用的笔名）的笔名解答问题。这个专栏一炮打响。在第一次刊出的《问题解答》（经济栏）中，杂志评论了国民党中央银行1947年8月18日调整外汇牌价引起的后果，这一问题直接关乎通货膨胀、物价飞涨、居民生活水平下滑等社会热点问题，直接关乎广大人民群众的切身利益，因此引起了读者的高度关注和普遍欢迎。

同年（一九四七年）底姜椿芳革新《时代日报》时采取的措施之一，就是设三个半周评论专栏——军事、经济、国际。半周

---

① 陈原：《不是杂志的杂志》，载《隧道的尽头是光明抑或光明的尽头是隧道》，商务印书馆2002年版，第78页。

军事评论最受欢迎，由姚溱（用"秦上校"笔名）执笔，利用解放区的材料，向广大人民传播我军节节胜利，蒋军日日溃败的信息。半周经济评论由杨培新执笔，半周国际评论则由我用"观察家"的笔名撰写。这是顺便提及的，足以证明《读书与出版》采用《问题解答》方式来传播信息在当时如何受读者欢迎。①

因为广受读者欢迎，《读书与出版》也吸引了大量的作家投稿，比如搞科学的夏康农、黄宗甄，搞教育的孙起孟，搞文学的蒋天佐、杨晦等都是长期撰稿人。杂志连载的一些文章，后来也都单独出书，如胡绳的《从人物看近代中国》（后来改写为《帝国主义与中国政治》），杜国庠的《先秦诸子思想》，戈宝权的《苏联文学讲话》，等等。

《读书与出版》编委会的例会每期按时举行，据陈原回忆，虽然杜国庠和周建人年纪较大，但仍然不辞辛苦，每次都要爬到六楼的编辑部，每月的例会从不缺席。会议的主要内容，是商量下一期的选题，对上一期作出总结和回顾，并且纵论天下大事，互相交换信息，有时还对生活书店提出意见和建议。"这时小屋成了编辑部。清茶，咖啡，有时还有小点心，都是妻子从我们的生活费中节省下来置备的，有时她也跟我们在一起议论。这里又成了另一个'文化沙龙'。这个'沙龙'跟头年的'沙龙'不同的是，前者谈笑风生，却无一定的主题，后者却是纵谈时局，研究思想战线的动态，然后确定选题，组织稿子。"例会制度一直执行到了1948年秋冬。随着政治局势的变

---

① 陈原：《不是杂志的杂志》，载《隧道的尽头是光明抑或光明的尽头是隧道》，商务印书馆2002年版，第80页。

化，杂志的处境也愈发危险，"人们说，黎明前有一阵最黑暗的时候，也许一九四八年下半年，正是这样的时光。夜间在小屋里可以听到'红色警备车'鸣着凄厉的警笛声飞驰而过，不知又到何处肆虐。传闻中的黑名单，不过是垂死挣扎的当权者向进步人群发出的威胁"①。随着形势的进一步恶化，先是周建人应邀去了东北解放区，接着是杜国庠被派去香港准备华南解放，戈宝权乘苏联船只离开上海转移到解放区。最后，陈原和陈翰伯也一个奉命南下，一个奉命北上。党领导下的生活书店、读书出版社、新知书店于 1948 年底在上海的大报上刊登了停业启事，《读书与出版》也同时登出了停刊启事。

① 陈原：《我的小屋，我的梦》，浙江文艺出版社 2005 年版，第 81 页。

陈原（1918—2004）

商务印书馆 20 世纪 60 年代办公楼

中国出版工作者协会主席陈翰伯（前排左一）和副主席王子野、许力以、陈原等在长沙岳麓山爱晚亭前合影

1975 年 5 月，国家出版局在广州召开中外语文词典编写出版规划座谈会。图为会议主要领导合影（左起：陈翰伯、徐光霄、陈原、许力以）

陈原在家中（1977 年）

陈原（右二）出席 1979 年《辞源》出版座谈会

商务印书馆总编辑陈原（右一）于1979年9月27日在北京召开《辞源》修订本第一分册座谈会。叶圣陶、白寿彝、吕叔湘、陈翰伯、王力、任继愈等参会。胡愈之、

1979 年，陈原在马克思墓前

第二章
天翻地覆新出版

　　1948 年 6 月 6 日，周恩来从河北平山县西柏坡中共中央所在地，发电给香港中共工委章汉夫，再经胡绳转达生活书店、读书出版社、新知书店负责人徐伯昕、黄洛峰、沈静芷，要求他们"即将三联工作人员及编辑人员主力逐渐转来解放区，资本亦尽可能转来"，同时还对三家书店短期内的任务和注意事项作了指示。[①]10 月 18 日，三家书店召开了股东代表大会，选举成立了临时管理委员会。随后，三家书店的大批干部，包括编辑人员，分批从香港、上海两地，分水陆两路奔赴华北、东北和华中解放区。

---

　　① 《周恩来年谱（1898—1949）》（修订本），中央文献出版社 1998 年版，第 795 页。

陈原与万国钧等人搭上了从香港直航韩国的海轮，之后调头驶往渤海湾，"每个人心中都充满了阳光。黎明了。新的时代在向我们招手。……我又开始做梦。新的梦"①。陈原的孩子还和其他小朋友一起，唱起了"解放区的天是晴朗的天……"与之相似，1949年2月27日，未来的出版总署副署长叶圣陶，登上一艘挂着葡萄牙国旗的苏联货船从香港北上。叶圣陶伪装成管仓员，与柳亚子、陈叔通、马寅初、郑振铎、曹禺等人一起，乘风破浪驶向了解放区。比陈原经历更为丰富的叶圣陶，在《〈北上日记〉小记》中忠实描绘了自己当时的内心世界："（同船的人）大多数都年过半百，可是兴奋的心情却还像青年。因为大家看得很清楚，中国即将出现一个崭新的局面，并且认为，这一回航海绝非寻常的旅行，而是去参与一项极其伟大的工作。至于究竟是什么样的工作，应该怎样去做，自己能不能胜任，就我个人而言，当时是相当模糊。"②这段话，可能反映了当时相当一部分涌向解放区、迎接新时代的出版人的心理状态：充满期待，却又怀着一丝隐隐的焦虑。这焦虑，可能在很大程度上，是担心自己不能够尽快地融入新环境、新生活之中。他们之前所熟悉的出版工作，也将要发生天翻地覆的变化。

一、1949年后的出版业

1949年10月3日，中华人民共和国成立的第三天，中共中央宣

---

① 陈原：《我的小屋，我的梦》，浙江文艺出版社2005年版，第91—92页。
② 商金林：《叶圣陶年谱长编》（第二卷），人民教育出版社2004年版，第526页。

传部出版委员会就在北京召开了全国新华书店出版工作会议。1950年9月，出版总署召开第一届全国出版会议，通过了《关于发展人民出版事业的基本方针》及关于改进和发展出版工作、书刊发行工作，改进期刊工作，改进书刊印刷业等几项决议。同年10月28日，周恩来总理签署发布了《中央人民政府政务院关于改进和发展全国出版事业的指示》。新政权对出版业的改造就此拉开了序幕。这一时期，出版业中的公私关系问题成为产业的焦点和管理的核心，并由此开始划定了一个全新的出版格局。陈原新时期的出版活动，就是在这一语境下展开的。

（一）出版业的公私力量对比

出版总署成立后，即将国有出版力量的壮大和发展作为首要任务，尤其是在全国进行新华书店的布点和统一管理工作，希望在短时间内迅速扭转公弱私强的出版局面。但由于人才、经验、市场、资源等多方面的因素，几年之内私营出版业都一直是我国出版业的重要力量。

1950年4月，一份名为《关于领导私营出版业的方针问题》的文件，对当时的出版格局进行了统计和分析。文件对私营出版者作了以下分类：

> 私营出版者的主要类型有下列各种：（1）"大出版业"，如商务、中华、大东，在国民党统治时期与反动派多有联系，主要靠教科书，其机构庞大，管理不善，目前困难最大。（2）"新出版

业"，合组联营书店的 52 家小出版者大多属于此。他们在国民党统治下受歧视，尚能出版为读者需要的书，规模一般都很小，也就难免带有投机性。（3）"旧出版业"，向来专出章回小说、剑侠小说和翻印古书，或出版连环画、小人书和唱本等。其一般特点是销路广大，发行网普遍，为"新出版业"所不及。解放后上海有 63 家合组通俗出版业联合书店。①

文件对北京、天津、上海、南京、杭州、济南、武汉、长沙、广州、重庆、西安等全国 11 个大城市的出版业进行了初步统计。结果显示：私营书店共有 1009 家，其中经营出版的有 244 家，专门做图书销售的有 765 家。以出版为主业的 244 家书店中，上海有 199 家，占 81%，北京有 23 家，天津 9 家。与此同时，全国新华书店分支店、其他公营书店、公私合营书店的数量为 950 家，从业人员 10118 人，已超过私营书店从业者数量（7680 人）。按照出版物的数量统计，在华北、华东和东北三个地区，新华书店的出版物品种数占到全部公私出版业总数的 32.6%，以册数（印数）计算则占到 77.93%。

到 1950 年 6 月 17 日，郭沫若在人民政协全国委员会第二次会议上发言时，称"国营的新华书店现有分支店 887 所，印厂约 30 所，生产力量约占全国出版总生产力 1/4"②。

胡愈之在 1950 年 8 月 30 日的全国新华书店第二届工作会议第二

---

① 《关于领导私营出版业的方针问题》，载《中华人民共和国出版史料 2》，中国书籍出版社 1996 年版，第 120 页。

② 郭沫若：《关于文化教育工作的报告（节录）》，载《中华人民共和国出版史料 2》，中国书籍出版社 1996 年版，第 321 页。

次大会上宣称，国营的出版、印刷、发行事业，"要是单从数量来说，已经占了出版事业中的领导地位了"，但从市场实际情况看，国营力量要占据主导地位，仍是"道阻且长"。

之后，随着一系列改造私营出版业政策的出台，国营和公私合营出版业逐渐占据了整个行业的主导地位。从 1950 年到 1956 年，国营出版社在国家整个出版事业中所占的比重由 11.9% 上升到 82.5%，公私合营出版社从 0.9% 上升到 17.5%，纯粹的私营出版业已不复存在了。

（二）私营出版业的困境

私营出版业在 1949 年以后遇到了前所未有的困境。不仅是被视为"旧出版业"的小企业日子难过，即便如"大出版业"中的商务印书馆、中华书局、世界书局等，也都在经营上遇到了巨大的挑战。

1950 年 2 月 18 日《出版总署为统一接管世界书局总局及各地分支机构的指示》中说："该公司在解放后，出版物大多为时代所淘汰，营业一蹶不振，入不敷出，因此负债累累，度日如年。近数月来，几完全依靠变卖机器材料勉强维持，职工痛苦不堪，纷纷要求接管。"[①]

民国时期出版业的旗帜商务印书馆，也在社会和产业的剧变中感受到了不适应。张元济在 1949 年以后很少过问公司事务，但在 1952 年 4 月 7 日致陈叔通的信中，老人不免为商务印书馆的未来担

---

① 《出版总署为统一接管世界书局总局及各地分支机构的指示》，载《中华人民共和国出版史料 2》，中国书籍出版社 1996 年版，第 95 页。

心起来：

乃近据公司总处同人来言，公司最近财政已濒绝境。前与人民银行所订业务合同，本月二十一日届满。依合同贷款最高额为八十亿元。上年中国图书发行公司销货数量未能如预期所定，致目前尚欠人行四十八亿元。人行近曾派员来馆接洽，约于满期前本利清偿。……按公司自发行部划出以后，养命之源即惟中图是赖。据报本年春销发货远比上年为绌，故中图来款亦因而顿减。政府规定在"三反"、"五反"期内不得欠薪，不得停业。万一人行立时停止旧约，不允续订，则数百员工薪水及开门各件从何筹措？彼时情形何堪设想？逆料后半年市面必可恢复，中图营业必可从而扩充，但在此生命将绝之时，不能不急求一续命之汤。弟不忍此已有半世纪之文化机关堕于一旦，故敢违命续陈，谨将公司总处交来节略一份附呈台阅。上年与人行订立贷款合同系由出版总署胡愈之兄玉成。其事迫不获已，务求再商愈兄始终维护，转商人行，准将公司原订业务合同予以展期，俾得从容处理，换订新约，争取业务转机，藉免倾覆。迫切上陈，惟兄怜悯而拯救之。①

而在此前的 1950 年 5 月，出版总署曾在一份文件中提及商务印书馆的困难，并给予了一定的帮助。在《商务印书馆问题历次会谈志要》中，出版总署指出："商务总馆职工 507 人，每月工资达 99075 个折

---

① 《张元济全集》（第 2 卷），商务印书馆 2007 年版，第 423 页。

实单位（在 4 月已打 7 折后之实际支出），每人平均尚须 198 个折实单位，与公营及公私合营书店之工资相比较，竟高出 200% 以上，此实为造成该馆经济困难之一大原因（谢同意考虑紧缩，极力节省开支，逐步使经济能趋于收支平衡）。""同意由新华向商务定购若干图书，解决其目前生产及资金周转方面的困难，唯应即着手将可予重版的书籍加速整理。"[①] 当时国内以折实单位计发工资，每一个折实单位的实物含量为：中白粳大米 1.56 斤（0.78 公斤）、12 磅白细布 1 尺（0.33 米）、生油 1 两（31.25 克）、煤炭 1 斤（0.5 公斤）。折实单位牌价由人民银行逐日公布。由于当时国营企业和事业单位都实行低工资制，所以商务印书馆等私营出版业的薪酬水平就显得偏高了，在人力成本的控制上就不如公营出版业。

在 1950 年 9 月召开的第一届全国出版会议上，提案委员会共收到了 138 件提案，其中很多都与私营出版业遇到的现实困难有关，这就更为全面地展示了全国范围内私营出版业者的处境。这些提案突出反映了当时私营出版业所遇到的种种现实问题，譬如从业者社会地位问题，从业者的失业问题，稿源缺乏问题，资金匮乏问题，人才教育问题，市场歧视问题，版权保护问题，等等。所有这些问题，一言以蔽之，即公私关系问题。

（三）公私关系问题

首任出版总署署长胡愈之对于私营出版业的态度是十分明确的。

---

① 《商务印书馆问题历次会谈志要》，载《中华人民共和国出版史料 2》，中国书籍出版社 1996 年版，第 251 页。

在 1950 年 4 月 24 日的一次讲话中，胡愈之对三联书店的工作人员说："三联书店除了做出版发行工作之外，对一切私营书店，还负着领导和扶助的责任。去年在出版总署未成立之前，中共中央认为三联书店应在出版业的统一战线上，照顾其他私营出版业，要有条件地和其他私营出版业合作。当然，新华书店也必须照顾私营出版业。……我们要团结他们，这样才能负起重大的任务来，如果他们不来参加我们的新民主主义出版事业，这是国家的损失，这不是他们的不好，而是我们没有做好，我们要想尽办法，遵照我们的业务方针，去和他们团结，不能让他们不得其所，只要他们肯为人民服务，就得照顾他。"[①]

中共中央统战部部长李维汉也曾就出版业的公私关系发表过看法，他认为："私营是承认和拥护国营领导的，国营也有力量领导，但领导者要使被领导者有所获得，政治上他们是跟我们走了，但如果在物质上没有给他们以适当的利益，也就难于合作下去，因此要在物质上使他们感到有所获得，这样才能真正地合作，这样领导才正确。"[②]

但是在实际工作中，新华书店工作人员难免带有天然的优越感，对私营出版业者难免歧视和另眼相看。例如在进货销货问题上，新华书店就有所谓的"本版"和"外版"之分，对私营出版业的图书，进货时刻意压低折扣，销货时则不尽力去推销，把主要精力都放在了新华版和三联版的图书上。另一方面，新华版和三联版的图书，也不愿

---

① 胡愈之：《在三联书店第一次全国分店经理会议开幕式上的讲话》，载《中华人民共和国出版史料 2》，中国书籍出版社 1996 年版，第 154—155 页。

② 徐伯昕：《在全国新华书店第二届工作会议闭幕式上的总结报告》，载《中华人民共和国出版史料 2》，中国书籍出版社 1996 年版，第 492 页。

意交给私营书店去售卖。胡愈之就曾举过一个事例：在广州，有一位读者到一家私营书店去买书，有一本是《社会发展史》，书店没有存货。但这家书店服务非常到位，就派一个店员去新华书店购买。结果在新华书店购书时，新华书店工作人员说：这书是不批发给同业的。那位店员只好说：我按定价买就是，不要折扣，也不批发。结果新华书店工作人员说：那也不成，因为你是同业，我就是不卖给你。

相对于出版总署的各种呼吁，公营出版业实际上对私营者的照顾是很少的，并且有很多过于严格的限制。如进货的选择标准就一度非常严格，进货和批发的折扣也很不公平，并且不愿意把畅销的图书批发给私营业者。据 1950 年的一次统计，新华书店的同业批发业务，在北京分店只占其全部收入的 28.1%，华东只占其总收入的 11.4%，西南则只有 7.97%。[①] 如此一来，使得大量的库存图书发行不出去，而读者购书也十分不便。

随着后续政策的不断变化，政府对私营出版业的态度也发生了改变。1954 年 4 月 26 日，出版总署发出了《关于机关、团体、学校、国营企业的书稿不应交私营出版社出版的通报》。文件说："由于许多机关、团体、学校、企业的文稿不必要地落入私营出版社之手，而国营出版社又得不到这些文稿，这就影响到国营出版事业的壮大，而助长了资本主义的私营出版业的发展。而且我国的私营出版社绝大多数带有投机性质，编辑机构不健全，有的根本没有专门的编辑人员，出版态度极不严肃，对于文稿很少审校加工，这又降低了出版物的质

---

① 王益：《一年来全国书刊发行工作的概况》，载《中华人民共和国出版史料 2》，中国书籍出版社 1996 年版，第 553 页。

量。"①留给私营出版业的道路选择到此似乎只有两条了，要么是公私合营，要么是自生自灭。

（四）公私合营之路

实际上，自 1949 年 11 月出版总署成立后，即开始采取措施，不断强化国营出版力量，并根据中国共产党对资本主义工商业的利用、限制、改造政策，逐步开始对私营出版业进行社会主义改造。尤其是1954 年 1 月 16 日，中共中央发出对于私营出版业必须积极地、有计划地、稳步地进行社会主义改造的指示以后，公私合营工作开始大踏步推进，到 1956 年基本完成了改造工作。与此同时，私营出版业的经营状况也不断恶化，公私合营成为双方的共同需求。出版业的公私合营基本上分为两个阶段：

第一个阶段是 1950 年至 1953 年。这个阶段，出版总署处理公私关系的总方针是"统筹兼顾，分工合作，各得其所"。在这一阶段，主要是在政治上要求私营出版业接受公营出版业的领导，总署还对部分困难的私营出版业予以重点扶助，并积极推动分散的中小私营出版业在自愿的原则下联营。如上海市从 1949 年 12 月到 1950 年 9 月，政府从中牵线，帮助 73 家私营出版单位从银行获得贷款近 40 亿元。新华书店也加大了代销私营出版社图书的力度。如华东总分店 1951年就向私营出版社进货 1810 万册、730 亿元，1952 年更增加到 2357

---

① 出版总署：《关于机关、团体、学校、国营企业的书稿不应交私营出版社出版的通报》，载《中华人民共和国出版史料6》，中国书籍出版社 1999 年版，第 233 页。

万册、1131 亿元。①

1952 年，《中央人民政府出版总署全国出版事业五年建设计划大纲（草案）》对整顿私营出版业作了如下表述：

全国私营出版社（有些是以书店名义经营出版业）在"三反"、"五反"前计有 475 家，其中若干早已陷于半停顿，估计经过"三反"、"五反"以及 1952 年下半年的营业许可登记，仍能照常从事出版者约为 300 家左右。在 300 家中，估计五年之内因缺乏稿源而转业者，将达 20％。其余 80％，可以分作两类：一类是规模甚小没有出版能力或不正当的私营出版社（书店）应逐步予以整顿。……另一类是稍具规模有出版能力的，正当的私营出版业，则予以扶植，指导其向专业方向发展，帮助其制订出版计划，并使之与有关专业的机关、团体发生固定的关系，以取得加工订货和政治指导，一俟主客观成熟，即改组为公私合营，进而逐渐走向国营。

所有 300 家私营出版业均按上述方式分别予以整顿，争取在 1957 年底大部分为公私合营或国营，做到把出版业基本上掌握在国家手里。其逐年整顿比率，平均每年为 20％，其需改组为公私合营或并入国营者，一律由 1954 年开始，其控制数字为：1954 年不超过 15％，1955 年 25％，1956 年 30％，1957 年 30％。②

---

① 方厚枢、魏玉山：《中国出版通史 9》，中国书籍出版社 2008 年版，第 52—53 页。

② 《中央人民政府出版总署全国出版事业五年建设计划大纲（草案）》，载《中华人民共和国出版史料 4》，中国书籍出版社 1999 年版，第 432—433 页。

在这一阶段，不少出版社因经营困难，向出版总署请求帮助或公私合营。1950年2月，开明书店董事会就向出版总署发出书面申请，请求国家投资。《出版总署最近调整若干私营出版业的通报》中称："经我署详细研究后，因其过去对文化出版事业颇有贡献，原则上拟予以同意。但因今年国家财力有限，大量增资助其扩充生产，尚非其时。……在此过渡时期应仍就其原有私人资本，继续单独经营，不必由国家投资。但在业务方面，我署可予以协助和指导，使其配合国营书店，进行并发展一定的出版业务，以逐步走向完全的公私合营。"①直到1953年4月，才将开明书店与青年出版社联合，成立了中国青年出版社，完成了公私合营。1950年12月，出版总署投资5亿元，将联营书店（54家出版机构成立的联合发行体）改组为公私合营，专门从事书刊发行工作。1951年，出版总署又把中华书局、商务印书馆、开明书店、三联书店、联营书店5家单位的发行部门划出，组成了公私合营的"中国图书发行公司"（简称"中图公司"），规模仅次于新华书店。由此也导致了商务印书馆等私营出版社的资金来源严重依赖中图公司。

经过这一阶段的整顿，1953年淘汰了66家私营出版社，到年底，全国范围内的私营出版社由1952年的356家减少到了290家。

第二阶段从1954年到1956年。1954年1月16日，中共中央批准并转发了出版总署党组关于1953年出版工作情况和今后方针任务的报告，并指出："对于私营出版业、发行业和印刷业，必须积极地、有计划地、稳步地进行社会主义改造。改造的重点首先应放在出版业

---

① 出版总署：《最近调整若干私营出版业的通报》，载《中华人民共和国出版史料2》，中国书籍出版社1999年版，第246页。

方面。新华书店对于私营书刊零售店，应加强批发工作，逐步地使它们实际上成为国营发行企业的代销店。对于私营书刊印刷业，应有计划有组织地委托印制，克服目前许多单位在委托私营印刷厂印刷工作中的分散自流现象，并防止泄露党和国家的机密，从而把它们纳入国家计划化的轨道。"① 这一时期最引人注目的事件，就是商务印书馆和中华书局的公私合营工作。

从 1950 年开始，张元济等人就不断地要求对商务印书馆进行公私合营的改造。1950 年 4 月 28 日，商务印书馆谢仁冰拜访出版总署副署长叶圣陶，谈商务经济上的种种困难，希望得到帮助。同年 8 月 19 日，叶圣陶在日记中写道："商务印书馆谢仁冰先生以无力应付难局，辞职，商务有瓦解之虞。此一大出版家不能任其崩析，于公私调剂声中，于出版会议召开之日，苟商务不支而坍塌，实为至大之讽刺矣。"②

在上报中央的《出版总署关于进一步改造商务印书馆和中华书局的请示报告》中，出版总署提出了公私合营的思路，即将商务印书馆改组为高等教育出版社，将中华书局改组为财经出版社。并提出："在相当的时期内，商务、中华的招牌仍旧保持。即每个社内部各为一套机构，一本账簿，一种制度，但对外则各挂两块招牌。一家挂高等教育出版社和商务印书馆的招牌；另一家挂财经出版社与中华书局的招牌。商务、中华过去出版的旧书，以及不宜用高等教育出版社和财经出版社名义出版的新书，例如：文史、古籍、地图等等，均可

---

① 方厚枢、魏玉山：《中国出版通史 9》，中国书籍出版社 2008 年版，第 57 页。

② 商金林：《叶圣陶年谱长编》（第三卷），人民教育出版社 2004 年版，第 45 页。

以商务、中华名义出版。"① 中央对商务、中华的公私合营工作十分重视，指示说："鉴于商务印书馆和中华书局历史悠久，在我国文化界有相当影响，因此，这次在对它们实行进一步改造时，必须郑重其事，只准办好，不准搞坏。"② 两家单位的公私合营工作至 1954 年 4 月底大抵完成，5 月 1 日，高等教育出版社和财经出版社正式在北京宣告成立。

到 1956 年 6 月，对私营出版业、发行业和印刷业的社会主义改造工作基本完成。

（五）公营出版业的问题

与私营出版业相比，公营出版业由于短时间内仓促布点，并要取得出版产业的主导权，因此大力扩张规模，导致在不少方面都出现了这样那样的问题。

首先是图书的质量问题。1950 年 6 月 28 日，《人民日报·图书评论》发表了《谈当前的出版工作》一文，文章指出："书籍的校对工作，除了商务、中华、开明等少数书店比较认真以外，一般都嫌太粗疏，误植的字和标点符号上的错误很多没校正。""翻译的书籍，译文很多生硬难读（内容是否有误译，我们没有能够对照原文，只好不谈）。"③ 1951 年 8 月 28 日，胡乔木在第一届全国出版行政会议上作了

---

① 《出版总署党组小组关于进一步改造商务印书馆和中华书局的请示报告》，载《中华人民共和国出版史料 5》，中国书籍出版社 1999 年版，第 595 页。

② 出版总署：《关于处理商务、中华改组工作致华东行政委员会新闻出版局的公函》，载《中华人民共和国出版史料 6》，中国书籍出版社 1999 年版，第 93 页。

③ 转引自《中华人民共和国出版史料 2》，中国书籍出版社 1996 年版，第 372 页。

《改进出版工作的几个问题》的报告，专门谈到公营出版物的质量问题："公营出版物质量不高是一个严重的问题，是责无旁贷，不能推诿的。至少83％的书出得好不好（当时全国出版物册数的83%是由公营出版社出版的——笔者注），就是在座各位负责出版工作同志的责任。……有大量的出版物还是粗制滥造的，是不能容忍的，需要勇敢地把我们自己的出版物作一番检查。不然，被批评的私营出版社便会责备我们，说我们在消灭私营出版业，说我们'大公无私'，这种方式是不适当的。私营出版物很容易批评，问题是容易解决的，不会有多大困难的。主要的问题是在我们自己方面。要求我们的出版行政机关、出版社，应该为提高公营出版物的质量而奋斗。""人民出版社的《新华时事丛刊》、《抗美援朝宣传丛刊》中的许多书是草率编成的，经他们自己检查，几乎没有一本没有错误。人民教育出版社的《初级中学本国地理课本》，经他们自己检查，错误不下50处。"[1]甚至连《毛泽东选集》这样的读物也存在不少问题。毛泽东的秘书田家英曾经对文化部出版局局长王益说："现在该社（人民出版社——笔者注）连家中有几本样本都不知道。五卷的排样，他们起先说还存18本，我向书记处汇报后，确定了分发名单，又说只有15本了，搞得很被动。三卷以后，出版的质量降低了，我还买到过有白页的书。"[2]造成这种局面的原因是多方面的，最重要的，是由于制度的缺失和人才的匮乏。从当时的材料看，出版社还没有一套行之有效的编校制度，甚至

---

[1] 新闻总署、出版总署、中国新闻出版印刷工会筹备委员会：《关于在新闻出版印刷工会中展开消灭错误运动的指示》，载《中华人民共和国出版史料3》，中国书籍出版社1999年版，第490页。

[2] 《文化部出版局局长王益访问田家英后向部党组的汇报》，载《中华人民共和国出版史料13》，中国书籍出版社2009年版，第188页。

许多出版社连编辑部都还没有设立，而公营出版社人才匮乏，对"旧出版业"从业人员的吸收也远远不够。

其次是图书的价格问题。总体上来说，在相当一段时间内，公营出版物的价格都要高于私营出版物，其主要原因就在于成本的控制和发行的不到位。1950年6月7日，出版总署在一份材料中说："书价之贵已到了十分严重的地步。许多学校学生买不起教科书，北京中小学校三四个学生合用一本书。当然，纸贵是书贵的主要原因，但发行工作做得不好，不能减少浪费，也是一个原因。教科书在大部分地方，不能及时供应。"[①] 不仅教科书如此，其他读物也都有价格过高的问题，尤其是公营出版物的价格一般都会高于私营出版物。

第三个问题就是人才的缺乏。在新华书店总管理处的成立大会上，胡愈之说："总处没有人，向各地新华书店要；各地新华书店没有人，向我们来要，这样要来要去，实在解决不了问题。解决办法之一，我想，可以多多吸收旧的私营出版业的从业人员来加以改造，使他们参加我们的队伍，为人民服务。今天全国解放了，不管过去的思想怎样，人总是愿意求进步的，总是可以改造的。对长期做过出版工作的人员，有计划地给予学习的机会，从政治上来改造他们，并不是十分困难的事情。全国解放后，许多私营的出版业起了很大的变化，有些在收缩，有的仅能维持，大批人员将要闲起来。组织这些人力，加以教育改造，让他们也有参加工作的机会，这也是我们的任务

---

① 《出版总署工作综合报告》，载《中华人民共和国出版史料2》，中国书籍出版社1996年版，第300页。

之一。"①1951 年 9 月 4 日，出版总署副署长叶圣陶在一次讲话中也说，"干部荒"在全国各地的出版单位普遍存在，"数量既少，力量又弱"。到了 1952 年，这种情况还没有明显的改善，"干部普遍地缺少，不但是我们出版工作部门的情形，也是普遍存在的情形。由于缺乏能胜任的干部，我们工作上也是有困难的。但另一方面，我们的领导同志也还不习惯于耐心从工作中培养干部，教育干部，提拔干部，而只是盼望从上级调干部来"②。

为了解决这一问题，国家在一些大学开设了培训班和相关专业，以图尽快充实出版队伍。如中国人民大学就设立了新闻系出版专业，北京大学设立了古典文献专业，黄洛峰还负责筹建了文化学院，等等。

二、从出版社到出版局

中华人民共和国成立以后，陈原先是在世界知识出版社、人民出版社、国际书店等出版机构工作，除了继续写作之外，还在出版制度的建设等方面发挥了积极作用。后来，陈原被调到出版管理机构工作，并担任了文化部出版局副局长，参加了图书稿酬等政策的制定过程，参与了《知识丛书》、汉译名著等大型出版项目的筹备和实施工作。

---

① 胡愈之：《在新华书店总管理处成立大会上的讲话》，载《中华人民共和国出版史料 2》，中国书籍出版社 1996 年版，第 129 页。

② 《出版总署 1952 年工作总结》，载《中华人民共和国出版史料 4》，中国书籍出版社 1999 年版，第 422 页。

（一）笔耕不辍

中华人民共和国成立之后，陈原仍然延续了之前的写作激情和创作节奏，出版了一大批各种类型的图书，其中仍以地理学著作为主。从 1950 年开始，中小学各科教材的编写、出版和发行，就成为了出版总署的头等难题和头等大事。翻看《叶圣陶年谱长编》可以发现，出版总署的副署长叶圣陶，1950 年每日最要紧的事务除了总署的各类会议之外，居然就是亲自修改甚至动手编写各科教材。其中的地理教材的紧缺和严重的质量问题尤其引起了大家的关注。1950 年 5 月 3 日，《人民日报》发表了金灿然撰写的《中学地理教本中的几个政治思想问题》，出版总署编审局特地为此文写了一段按语：

> 现在各地中学地理教本大半是旧时在国民党统治区内各家私营书店所出版的。过去老解放区内虽出过几种中学地理教本，但分量太少，内容也与全国解放后的形势不很符合，不再适用了。因此，前华北人民政府教育部教科书编审委员会在去年秋天，中央人民政府出版总署编审局在今年春天，提出供各方参考选用的教科书目时，在中学地理科目中，就列入了商务、开明的几种本子。但是事实上，这几种本子虽然有在解放后由出版者自行修订过的，却仍旧包含着许多原则性的重大的缺点。在最近重新检查之后，出版总署编审局认为过去草率地介绍这几种教科书，只把书中所含的错误扼要地写在"审读意见书"里，供教育行政当局参考，没有认真地加以研究分析，将结果公之于众，是错误的。这种错误不能用没有其他较好的本子或其他理由来解释。我们应

该承认，这种错误表示我们在工作上还缺乏足够的认真严肃性，没有把地理科的教学看作一个重要的思想工作。……①

由于过去的许多教科书已经跟不上时代的发展，因此，在出版总署的组织下，一批新版教科书一直在加紧编印。陈原参与了其中的初中外国地理课本的编写。叶圣陶在 1950 年 11 月 20 日笔记中记录："四点归，改陈原所编初中外国地理下册之稿。"11 月 27 日，"看陈原所编外国地理稿"。11 月 29 日，"看毕陈原之地理稿"。② 除此之外，陈原还利用自己精通外语和世界语的优势，翻译、写作了大量的国外地理学读本以及国际关系读本。

（二）业务骨干

1952 年 5 月 2 日，在出版总署《关于国际书店改归出版总署直接领导的通报》中，陈原和薛迪畅一起被任命为国际书店的副经理，总署发行管理局副局长华应申兼任国际书店经理。国际书店于 1949 年 12 月 1 日在北京成立，成立初期，除经营书刊进出口业务外，还承担进口书刊的国内发行工作。陈原到国际书店工作，一是因为之前曾到该店参加"三反"运动，对情况比较熟悉，二是因为陈原外语较好，算是专业对口。工作期间，陈原参与了我国与多个国家的出版进出口业务谈判，达成了相关的图书报刊贸易合同。

1952 年 12 月，人民出版社对组织机构进行了调整，陈原被任命

---

① 转引自《中华人民共和国出版史料 2》，中国书籍出版社 1996 年版，第 172 页。
② 商金林：《叶圣陶年谱长编》（第三卷），人民教育出版社 2004 年版，第 73—75 页。

为第二编辑室主任。《人民出版社组织条例》规定："第二编辑室掌管马克思、恩格斯、列宁、斯大林著作中译本以及马克思、恩格斯、列宁、斯大林传记之编辑工作。"① 这一年，人民出版社出版新书98种，其中马列、毛泽东著作类共计26种；1953年出版新书287种，其中马列、毛泽东著作类76种。

陈原在这两年的工作中取得了有目共睹的成绩。在一份材料中，人民出版社是这样总结的：

在1953年的出版物中，马恩列斯经典和毛主席的著作有了显著的增长。我们出版了《斯大林全集》第一卷和第二卷，《毛泽东选集》第三卷以及普及版第一卷和第二卷，编印了马恩列斯和毛主席著作的单篇本，并重印了《资本论》、《列宁文集》（已出第一册）、《列宁文选》两卷集（已出第一卷）、《列宁主义问题》以及解放社版的马恩列斯的其他著作。马恩列斯和毛主席的著作，在1953年生产数字中的比例，在种数上占31％，字数占21％，册数占35％，用纸占44％，定价占47％；而在1949年至1952年这4年中间，它们平均仅占种数的13.7％，字数的20.1％，册数的23.4％。②

此时，陈原实际上已经成为人民出版社的骨干力量。当时，人民出版

---

① 《人民出版社组织条例》，载《中华人民共和国出版史料5》，中国书籍出版社1999年版，第291页。

② 《人民出版社1953年工作情况和1954年方针任务》，载《中华人民共和国出版史料6》，中国书籍出版社1999年版，第163页。

社"干部政治业务水平都较低，尚能独立工作的编辑，全社不过十来人。哲学、政治经济组等方面的书稿，还没有真能胜任的编辑。自子野同志病后，现有副总编辑和编辑室主任共 10 人中，除仅来办公半天的陈原同志而外，没有一人识俄文，于翻译选题之审定以及译文质量之检查，感到很大困难，其为出书杂乱、译文质量不高的原因之一，因为现在的出版物中十之六七是从俄文译出的，行政部门有相当多的一部分人员，水平太低，与其担负的工作任务很不相称"①。而陈原之所以被任命为第二编辑室主任，就是为了发挥他的特长，增强人民出版社在这一方面的实力。

当时国内懂外语的出版人才非常匮乏，而陈原既能读懂俄文，还精通世界语，并且经过长期的出版实际锻炼，拥有非常丰富的出版经验，因之成为难得的业务骨干。陈原的任职是在中宣部召开的《斯大林全集》编译和出版计划讨论会上被正式提出的："关于调配干部问题，考虑将陈原同志由国际书店调回人民出版社专任马恩列斯著作编译室主任，另由中国图书发行公司调一老干部代替陈原担任国际书店的副经理职务。"②

到了人民出版社以后，由于工作业绩突出，陈原还被任命为三联书店编辑部的负责人。1951 年 8 月，生活·读书·新知三联书店并入人民出版社。从这时起，直到 1982 年决定成立独立的三联书店编辑部之前，作为人民出版社的副牌，三联书店（出版社代号：002）

---

① 《人民出版社关于目前工作情况及今后方针的报告》，载《中华人民共和国出版史料 5》，中国书籍出版社 1999 年版，第 497 页。

② 《中央宣传部召开〈斯大林全集〉编译和出版计划讨论会会议纪要》，载《中华人民共和国出版史料 5》，中国书籍出版社 1999 年版，第 390 页。

出版了不少书籍，主要是哲学、经济、历史等方面的学术著作和翻译书籍，以及某些内部发行书籍。直到 1986 年 1 月 1 日，三联书店才从人民出版社分出，正式成为一家独立的出版社。1954 年 3 月，人民出版社内部成立了三联书店编辑部。三联书店编辑部由陈原兼任主任（陈原同时担任国际书店经理、人民出版社第二编辑室主任），戴文葆任副主任。三联书店编辑部的主要任务是：广泛联系作家，组织学术著作，组织古典学术著作的翻译，整理重印过去出版过的有价值的著译。

1954 年 4 月，中共中央批转中央宣传部《关于改进人民出版社工作状况的报告》，报告指出："应在人民出版社内部设立三联书店编辑部（目前三联书店并无单独的编辑机构，也没有独立的编辑计划），编制上仍为人民出版社的一部分，但须有独立的编辑方针与计划，以充分发挥现有著译力量。""为推动科学研究工作，培养学术著作力量，对于学术著作应采取积极鼓励的方针。凡属经过认真研究，在某一方面说来有些价值的著作即应使其有适当的出版机会。……三联书店应更多出版著作书籍，以便使党员和非党员作者的各种虽然尚有某些缺点，但有一定的用处的作品都能印出来。……此外许多旧的学者的著作，特别是关于中国历史的各方面材料的整理和考据的著作，对于我们还是有用的，这类著作一般可由科学院出版，但人民出版社和三联书店亦可酌量选印。""人民出版社主要地出版马克思列宁主义著作的译本，三联书店可以较多出版社会科学其他古典著作的译本。"[①] 根据报告，人民出版社的性质进一步明确了：它既是国家的政治书籍出版

---

① 《中共中央批转中央宣传部关于改进人民出版社工作状况的报告》，载《中华人民共和国出版史料 6》，中国书籍出版社 1999 年版，第 195—196 页。

社，又是一家出版哲学和社会科学书籍的综合性出版社。一段时间内，人民出版社开始组织出版哲学、社会科学的学术著作，同时有计划地翻译出版国外比较重要的理论和学术著作，包括哲学、经济、历史、国际问题的著作和外国古典学术著作等。

（三）一份调查报告

人民出版社成立之初，同作家的联系不是很紧密，并且在制度上也没有固定下来，一些工作人员还存在着严重的官僚主义。如邓广铭就因为《王安石》一书的出版对人民出版社颇有微词：

> 1951 年初我们约邓广铭写《王安石》一稿。作者于 1951 年 5 月交稿，退回修改二次，1951 年 12 月告作者决定采用。1952 年一年，此稿搁在编辑室里。到 1952 年 4 月又写信给作者请他修改，作者复信说："拙稿出版事可以作为罢论。"作者的不满可以想见。许涤新因他的《广义政治经济学》交稿两年没有印出来，写信来批评："即使当年商务印书馆的官僚主义，恐也难与人民出版社媲美。"应该说，批评得完全正确。这样的问题屡次发生，对于国家出版社来说实在是不能容忍的。这种情况必须加以改变。我们打算在今年第二季进行一次作家关系的检查，得出经验教训，订出今后改正的办法。另一方面拟采取一些积极的步骤，来改进和扩大与作家的联系。①

---

① 《人民出版社 1953 年工作情况和 1954 年方针任务》，载《中华人民共和国出版史料 6》，中国书籍出版社 1999 年版，第 167 页。

为了加强同各地著作界和翻译界的联系，1954 年 10 月，由王子野、陈原等带队分别到各地了解著译力量，联系作家，组织稿件。陈原当时带一个小组访问了开封、武汉、长沙、南昌、南宁、桂林和广州七个城市。陈原回忆说："这次联系面很广，访问的学者为数甚多，各有关党委与行政部门的主管同志，向我们详尽地介绍了被访问对象的情况。这次访问学者的工作应当说是有收获的，也是解放后出版部门跟学术界进行的一次大规模的接触；回京后编成备查的索引卡片，写了一份报告。"[①] 这份报告从一个侧面，反映了当时学术界不为人知的一些情况，尤其是对出版机构的看法，报告说：

老一辈的教授或学者，他们手头往往有旧稿，或未完成稿，大半是文史方面的，考据性和资料性的著作居多，有些可以略加整理和修改后出版，对某些读者不无参考价值。这些作者一般地说年龄都已不小，常在六十开外，体力也不济了（中大陈寅恪近七十，眼睛看不见；武大李剑农七十四，工作不能持续一两小时；河南师院嵇文甫，六十左右，手发抖，只能写方寸大字等），而他们又习惯于单干，不大善于用助手，因此希望他们另起炉灶写新稿，还不如先请他们把已有的研究成果整理出来更实际。但是这些学者往往不敢或不肯把东西拿出来，一则为了慎重和高傲，一则为了怕批评；可是著作一经国家出版社印行，无不感到高兴。我们的任务是在于多方设法说服他们，让他们把有益而又未完成的半制品整理出来。据统计，这六省可以有 10 部至 20 部

---

① 陈原：《挖掘潜力多出好书——访问中南华南七个城市的报告》，载《陈原出版文集》，中国书籍出版社 1995 年版，第 9 页。

这类稿子，例如中大岑仲勉的"隋唐史"讲义，"黄河变迁史"（40万字），武大李剑农的"中国经济史"三卷（60万字），河南师院朱芳圃的"中国历史要籍解题"（未完成），江西王梅笙的"中国钱币史"稿，广西刘介关于广西少数民族的论著（30万字）等。

……

各单位负责人所最顾虑的是：出版社不通过组织，到下面个别地方去拉稿，往往使领导心中无数，被动得很。武大李达校长和张勃川副校长都曾郑重地提出这个问题，他们表示，先了解情况，后组织稿件，这样做很好，但希望今后严格通过组织来进行组稿。河南师范学院教务长郭晓棠同志也表示，从前有出版社到学校来拉稿，不知拉了谁，也不知拉了些什么。机关方面也有类似的意见，例如新湖南报社社长邓钧洪同志，南方日报社代社长黄文俞同志等都提供了具体的例子，说明不通过单位领导组织稿件会产生怎样的后果。[①]

陈原在报告中还提出了三点建议：一是成立一个专门联系作者的机构，更加积极主动地做好组稿工作；二是改进图书宣传工作，向读者和作者及时通报出版情况；三是建立访问作者的长效机制，以此来培养干部。

这次调查应该来说成果非常丰富，但非常遗憾的是，"这次访问成果在其后几年并没有很好利用，特别是对老学者的著译也没有很好地继续发掘，予以出版机会。客观现实是，做了这样细致的调查后，

---

① 陈原：《挖掘潜力多出好书——访问中南华南七个城市的报告》，载《陈原出版文集》，中国书籍出版社 1995 年版，第 10—13 页。

在文化学术界随即展开了对《红楼梦》研究的批判，对胡适、胡风及其随从者的批判，然后是大规模的'肃反'运动，如此运动一个接着一个，编辑部没有喘息的时间，著译者很大一部分也不同程度地被牵涉到各种运动中去。而主观上则'左'的影响较深，特别对一些老学者的'旧著'几乎不敢进一步联系"①。对整个出版界和学术界来说，这都是一个不小的遗憾。

（四）建章立制

在人民出版社工作期间，陈原直接负责拟定了一些编辑工作制度，在出版社核心工作的建章立制方面作出了贡献。成立之初，人民出版社的图书质量为社会所诟病，出版总署等上级部门不止一次对其进行点名批评，人民出版社在内部也举办过差错展览，但问题却一直难以得到有效解决。从 1952 年开始，人民出版社就开始制定一些基本制度，明确专业范围，强调出版质量，此后，出版物质量有了一定程度的提升。沈昌文撰文回忆说：

> 一九五五年，在曾彦修、王子野倡议下，陈原在人民出版社负责拟订一些编辑工作制度，当时被称为出版社工作的"根本法"。这些制度，经过一九五七年的风波，一九五八年的"跃进"，一九六二年后的斗争，以及一九六六年的浩劫，人们大概已经遗忘。但这些制度中关于审读、加工书稿的许多思想，今天仍然有

---

① 陈原：《挖掘潜力多出好书——访问中南华南七个城市的报告》，载《陈原出版文集》，中国书籍出版社 1995 年版，第 9—10 页。

用，值得写进将来的"编辑学教程"。

例如，关于审读书稿，提出十点要求，强调"审稿应注意不被原稿拘束，应对原稿作一鸟瞰，避免随着某些原稿钻牛角尖。""在学术问题上作者的一说与众不同，但能言之有理，持之有据，在审稿意见书中可以指出，但不要遽加否定。""要适当注意主题要求阐明的内容是否充分，是否有说服力，但不要偏于找寻原稿所没有接触到的问题"……这一些，都是当时工作中实际问题的总结和概括，有着相当丰富的内容。

陈原在编辑工作管理安排上，强调"把工作挪前做"。这看来是很简单的几个字，却值得他为此演讲了好几个小时，说得头头是道，令人折服。当时做编辑工作，习惯于零敲碎击，不能通盘安排，特别是在约稿之后，往往把稿件置之脑后，到交稿时加以处理，经常发现问题不少，于是事后弥补，费力不少。其他环节，都有类似情形。陈原提出"挪前做"，就是说前一环节要考虑后一环节的工作，安排前后左右的关系。用现代管理语言来说，大概就是一种运筹学或线性规划的思想吧，然而当时大家都不懂这些，由陈原用简明通俗语言出之，对改进工作极其有益。①

1955 年 3 月，中宣部转批了人民出版社检查和改进工作的报告。报告中特别提到，人民出版社"修订了和初步实行了从总编辑到助编的各种责任制度。明确规定了各同志在政治上、学术上、业务行政与编辑技术上一定的责任。定出了全社编辑工作基本程序（主要是各级

---

① 沈昌文：《陈原的编辑活动》，载《最后的晚餐》，上海书店出版社 2007 年版。

的责任制度)、稿件加工整理(即一般性的编辑工作)的要求与技术规程……"①

直到担任了文化部出版局副局长之后，陈原还一直非常关注编辑出版的制度建设工作。1962 年的一次全国性会议上，陈原就对当时的三审制提出了自己的看法："现在存在的问题是这三层审查的着眼点都是一样，这样就会使书出不来。我们最近了解有一个总编辑手里压了 4800 万字的稿子，使书出不来。……因此对总编看稿子与编辑看稿子的要求应有所区别，不能使总编仅是重复了编辑的工作，这样就没有人能当总编了。问题是三审制中的三层，其着眼点应各自放在什么地方，然后三人凑起来再得出结论。"② 现在实行的书稿三审制，显然充分吸收了这些意见。

由于突出的工作成绩，1955 年 2 月，文化部出版局通知，经文化部 1955 年 2 月 4 日第三次常务会议批准，任命曾彦修为人民出版社副社长兼副总编辑，张明养、陈原为人民出版社副总编辑。

(五)任出版局副局长

1957 年，陈原被调到文化部，担任出版局的副局长。从现存的一些资料可以看出，陈原由于来自出版一线，对具体情况比较熟悉，因此在管理层面上体现出一种开明、积极、有效的工作风格。也正是

---

① 《中央宣传部批转人民出版社检查和改进工作的报告》，载《中华人民共和国出版史料 7》，中国书籍出版社 2001 年版，第 70 页。
② 陈原：《在文化部全国图书发行工作会议上的报告》，载《中华人民共和国出版史料 12》，中国书籍出版社 2009 年版，第 54 页。

在这个岗位上，陈原和胡愈之开始了长期的密切接触。

1954年，出版总署被合并到文化部，署长胡愈之暂时离开了出版管理岗位。直到1959年庐山会议之后，胡愈之才被调到文化部工作，作为副部长专管出版业务。胡愈之一到任，就对出版局的工作提出了批评，要求出版管理工作不能停留在纸面上，而要做实实在在的事情，抓一些切实可行的出版工程。作为出版局副局长的陈原，当时正在主持一个文件写作小组，起草一份意在"调整"当时出版工作的文件，即反对各种极左做法对出版工作的干扰。胡愈之了解情况后，即劝陈原停下来这种"无效劳动"。"这项工作是在耗费了多少人力物力的'大跃进'之后立即进行的，也正是我们从乌托邦的美丽幻想中清醒过来的时候。当胡愈老到文化部时，这个文件已易稿十二次或十三次。胡愈老半开玩笑半批评我说，你这是做的无效劳动。他不止一次说，你成天在纸面上下功夫，有什么用？你这叫作管理出版么？他批评得对。——我承认我是在进行一项无休止的永远不能成效的'纸上谈兵'。坦率地说，我也不愿意把自己陷在这个'怪圈'里——写，改，推翻；写，改，推翻。本来想'反思'一下吸取教训，找出一条可走的路，但谈何容易呵！又要吸取教训，又要'高举三面红旗'；分明是'左'的思想搞乱了局面，却偏要在反右的框框下做文章。这是一次滑稽的表演，当然这样的表演需要极高的技巧——而我没有。有一次稿子写出来，都经不起众人的批驳，确实如此，连我自己也说服不了自己。文件注定是写不成的，更不要说有效无效。胡愈老来算是解救了我……"① 在那样一种偏执与急躁的大氛围中，去写

---

① 陈原：《记胡愈之》，生活·读书·新知三联书店1994年版，第31—32页。

作一份指导出版工作的冷静的文件，注定是行不通的。不过，文件是没写好，但在许多公开的场合，陈原还是坦率地发表了自己对出版业的看法。

1962年5月3日，陈原在文化部召开的全国图书发行工作会议上作了一个很长的讲话，针对当时的出版环境，谈到了出版工作的方方面面。其中有几点意见可谓切中时弊。

如学术著作的出版问题。陈原是借贯彻"双百方针"来谈到这个现实问题的。在他看来，很长一段时间以来，出版专门供研究需要的著作还是太少。主观的原因，是出版社重视不够，该出的没有出，没有把这些著作列入出版计划，也没有去积极联系作者组织稿件；客观原因则是作者队伍的建设还比较薄弱，作品也不够丰富。当时中国连年出现"纸荒"，纸张调配成了出版管理机构每年例行的重要工作。在这种情况下，陈原抓住中央关于纸张问题的批示——"今后出版的书籍，种数要适当多一些，但数量必须严格控制"——做文章，主张好钢用在刀刃上，增加有效品种，"总之要百花齐放，就必须要有比较多的品种才能适应，不适当地增加品种是不对的"。

如普及类读物的出版问题。陈原提出首先要把一些好的图书进行重印。"解放前的出版商是靠重版书来吃饭的，但解放后我们对重版书都不那么热心，这对鼓励作家，提高创作积极性，提高质量都是很不利的。""年底前我在上海、广州宣传了一下，大家都感到知识性读物对读者是很重要。这类书必须使材料、观点一致。过去由于我们知识不够，做了不少蠢事，现在提出要'全党全民掌握知识'，有了知识才能思考，没有知识就不能思考。"针对当时普遍流行的意见，即一种书如果由不同出版单位同时出就是浪费资源的看法，陈原表示反对："我们的意见可以大家搞，不怕乱。你出杜甫的书，他也出杜甫的书，不一定就算重复浪费，因为你出的杜甫的书与我出的不一定全相同，故中等知识书不要忙于把它统统统起来。……如出版了一本书后就通报全国不要再写了，这是不符合'双百方针'的。"

对于图书的审查问题，陈原表现出一种开明的态度，主张出现学术性错误的图书不应该查禁。他举了中学课本中的《生物学》，书中有12处都提到了"和平共处"，有的出版社就认为这是修正主义，不符合马列主义学说，就决定停止销售。陈原认为这是混淆了生物学和哲学、政治学的概念，不应该停售。"另外《亡灵书》是翻译3500年前埃及的事情，译者后来成了右派，这书就停售了。这类书停售也不合适，因为现在还没有第二本《亡灵书》，这是一本古典文学性质的书。"甚至有人认为《有计划的发展国民经济》这本书竟然没有提到1958年以后的"大跃进"，应该停止销售，而这本书其实是1957年出版的，陈原主张进行修订后即可继续出版。

工具书的严重短缺也引起了陈原的警觉。1951年到1962年，我国工具书仅出版了133种，不仅各类资料汇编、年鉴、地图、专业词典、手册稀缺，就连常用的中外语文字典、百科类辞书都很稀缺。1960年到1962年，全国没有出版过一本甚至一张地图。陈原举例说，自己在广州的旧书店里翻了半天，也仅仅找到了一本1952年出版的地图。许多出版社不出此类图书，可能是因为太容易出现政治错误。上海再版的《德华字典》，就被人找出了不少政治错误。其中提到希特勒是1939年时的德国元首，这也被人指摘为错误。"世界上可以说没有一本字典没有错误，要求字典一点都没有错误是不能设想的。……没有足够的工具书，学术研究就不能开展，学生的水平也不能提高，干部的工作质量也会受到影响，所以必须解决这个问题。我们现在的做法是：能重印的重印，能修改的修改，有问题的内部发行，力使学术界有参考书。"也正是对工具书的这种态度，为后来陈原的受批判埋下了伏笔。[①]

正是得益于长期的一线工作经历，陈原能够敏锐地发现许多值得去做但还没人去做的开创性出版工作。"民国书目"就是其中一例。

胡愈之曾在一次谈话中，提及中国是世界上古籍保存最多的国家，民国时期也出版了不少书，但还没有一个总目录。受此启发，陈原立即着手开始组织实施这一出版工程。陈原首先请教了当时的北京图书馆副馆长左恭，左恭对他说：只要有书名，有作者，天下没有找不到的书！对于编印这样一套总书目，左恭非常赞成，但北京图书馆当时很难实现这个计划，因为人手少事情多，而这套书目的编纂需要大量的人力物力和时间。于是陈原就向文化部出版局所属的版本图书馆提出了这个任务，但版本图书馆也面临和北京图书馆同样的问题。"我没有抬出胡愈之部长来'压'他们，我只反复向他们宣传这样做将会对中国文化史的研究作出多大的贡献。我记得我向他们提出，要到几个重要的图书馆（包括北京图书馆、上海图书馆、重庆图书馆、桂林图书馆）去做实际调查，有些图书馆在特定时期收罗书籍是有特殊条件的，例如在抗日战争时期作为进步文化中心的桂林，出书很多，桂林的广西省立图书馆一定会有别处找不到的书。我还提出了一条原则：不见书，不著录。我要求他们一定要根据所见的出版物来记录它的要素，切切不可做'客里空'。值得感奋的是，这个小小的版

---

① 陈原：《在文化部全国图书发行工作会议上的报告》，载《中华人民共和国出版史料12》，中国书籍出版社 2009 年版，第 41—55 页。

本图书馆竟然不顾自己力量单薄，从 1961 年起派人去重庆，去上海，奋力去完成这超出他们能力的繁重任务，做过一些著录样张，也作过几次汇报，这都是很认真的。"[1] 在"文革"之前，他们已经完成了很多的卡片，但还没有开始编辑初稿，"文革"到来以后，胡愈之和陈原都再也无暇顾及这一出版工程，版本图书馆也被合并到了北京图书馆，那些资料也不知飘零何处了。不过值得欣慰的是，1987 年陈原在新华书店买到了《民国时期总书目》的一个分册，正是由北京图书馆编写的，也算是了却了他的一桩心事。

（六）稿酬问题

1964 年 7 月 24 日，文化部党组罕见地就一位作家的稿酬问题，专门向中宣部请示具体做法。这位作家就是周作人。文化部的报告原文是这样的：

中共中央宣传部：

据人民文学出版社报告，该社对专业译者周作人，一直采取按月预付稿酬的办法。1959 年以前，每月预付 200 元。1960 年 1 月以来，改为每月预付 400 元；约定每月向出版社交译校稿 3 万字左右。

自 1960 年 1 月至今年 6 月止，周作人预支稿费已达 22748 元，他向出版社交译稿 91 万字左右（包括 1960 年以前的 40 万

---

[1]　陈原：《记胡愈之》，生活·读书·新知三联书店 1994 年版，第 132—133 页。

字）和校订、审阅稿 82 万字。两相比较，即使按最高标准付酬，也超支 1 万余元。这说明在预付稿酬问题上，是抓得不紧，有缺点的。

为了贯彻中央降低稿酬的精神，人民文学出版社打算从 8 月起，对周作人的预付稿酬，降低为每月付 200 元或 250 元。我部拟予同意。

是否有当，请审阅批示。

文化部党组　夏衍

中宣部于 8 月 5 日对此作了电话答复："7 月 24 日函悉。预付给周作人的稿酬应该减，每月 200 元已经很多了。"[①] 之所以为一个作者的稿酬大费周章，是由于在 1978 年以前，稿酬标准一直是出版主管部门颇为重视的一个问题，稿酬问题甚至被视为两条路线斗争的问题。在知识分子地位一降再降的年代里，不仅其著作权得不到有效的保护，其劳动报酬也一再被降低。虽然中间有过增加标准的时期，也有过无数的反反复复，但大趋势是不断降低稿酬的标准，以更有利于这些知识分子去接近劳动大众，去改造自己的思想和灵魂，去保持全国收入水平的总体平衡。陈原在文化部出版局副局长任上，也就稿酬问题发表过充分的意见。

1955 年 12 月 12 日，中宣部将文化部拟定的《关于制定文学和科学书籍稿酬的暂行规定》上报周恩来总理，这项规定不久便获得批准。文化部在向中宣部提交的报告中认为："解放以前，出版商对著作

---

① 《文化部党组拟同意人民文学出版社降低预付周作人稿酬的请示》，载《中华人民共和国出版史料 13》，中国书籍出版社 2009 年版，第 166—167 页。

人大都采取买版权和付版税的两种办法，无论哪一种办法都是有利于出版商而不利于著作人的。"因此，后来制定的字数稿酬加印数稿酬的做法总体上还是合理的，但也存在不少缺点，如有的著作稿酬标准偏低，并且存在平均主义倾向；有些印数多的稿酬总体上就偏高，例如《保卫延安》约 35 万字，但因为印数达到 55 万册，作者的稿酬就拿到了 86800 元；《古丽雅的道路》仅有 20 万字，但因为印刷了 74 万册，作者稿酬也有 22900 之多。"某些书稿稿酬太高的结果，使某些作家和翻译者的生活水平大大地超过了目前社会的一般生活水平，产生了不好的政治影响，并且使得他们自然而然地产生依赖某一大量印行的书稿为生的思想，因而也是不利于刺激创作和翻译的发展的。"[1]

为了克服这些不足，新的稿酬体系遵循了这些原则：适当地提高著作的稿酬，主要是初版的稿酬；提高学术著作和儿童读物、剧本、诗歌的稿酬；扩大稿酬标准的等级距离；调整各类书稿分类的印数定额，以避免印数大的书籍稿酬过多；降低译著的稿酬。新的稿酬标准见下表：

表 2—1：1955 年文化部制定的稿酬标准[2]

类别	印数定额（千册）	每千字稿酬（元）
文艺性散文（小说、通讯等）	15	10—30
大量印行的文艺性散文（小说、通讯等）	45	10—30

---

① 《文化部关于制定文学和科学书籍稿酬暂行规定的请示报告》，载《中华人民共和国出版史料 7》，中国书籍出版社 2001 年版，第 322—325 页。

② 《关于文学和科学书籍稿酬的暂行规定》，载《中华人民共和国出版史料 7》，中国书籍出版社 2001 年版，第 330 页。

续表

类别	印数定额（千册）	每千字稿酬（元）
诗（每20行）、剧本、儿童读物	10	12—35
大量印行的儿童读物	30	12—35
社会科学和文艺理论著作	15	10—30
大量印行的社会科学和文艺理论著作	45	10—30
自然科学和科学技术著作	10	10—30
大量印行的自然科学和科学技术著作	30	10—30
特殊研究性科学著作		20—50
大量印行的宣传鼓动读物和被采用为学习材料、教材的著作	200	10—30

每印制一个"印数定额"，即按照稿酬标准付一次稿酬。以文艺性散文为例，图书每印制1.5万册，出版社就按照千字10—30元的标准付一次稿酬，以此类推。应当说，这个稿酬体系还是比较符合当时的社会背景的，既能够解决一些人收入过高的问题，又能够鼓励作者进行创作，对作者的精神劳动还是比较尊重的。

由于各种原因，这套标准当时并没有颁布。因此，作家们对原有稿酬体系的不满也在逐渐积累。1956年，臧克家就在一次座谈会上发言说："稿酬定得不甚合理，作家们意见甚多。版税级数太多（从12元到30元一千字），其实一般都按最低二三级，最高者等于虚设。大家意见，级数减得很少，基本级数提高。现在的版税条件，把作家的写作看得太轻易，不符合事实。"①

----

① 《文化部召开改进出版工作座谈会纪要》，载《中华人民共和国出版史料8》，中国书籍出版社2001年版，第292页。

1957 年 5 月中旬，文化部召开了文艺作家座谈会，从现存的会议纪要可以看出，稿酬仍是文艺作家们普遍关心的问题：

　　臧克家说：就拿张天翼、艾芜等名作家来说，他们如一年不写作就无法生活。严文井说：现在作家有钱不过三几户（如秦兆阳、刘知侠、杜鹏程），其他即使如丁玲、周立波这样的名作家也并不很有钱，丁、周每人约有存款一万元左右，但他们开支较大，每月需 500 元左右。有的作家并非自己买房子，而是顶名代机关买房子，这一点也引起误会。过去制定稿酬办法时估计作家每年写作量过高，其实一个认真的作家要写 20 万字左右的长篇，大概要四五年时间（包括体验生活在内），写短篇，每年不过三五篇而已。张友松认为说稿费高了，不能一概而论，他自己一年到头很紧张，开支还是很困难，有病也不能休养，但是得不到同情，反而被讽刺为"争稿费"。冯雪峰、金人等都认为稿费办法应以能促进繁荣创作、提高质量为原则。①

作家们认为现行稿费体系的不合理处很多，如平均主义、印数定额不合理、出版社之间差别大、书籍插画稿酬低（吴祖光就说，他找人给自己的书画画，一幅插画才给 4 元钱，实在拿不出手）、翻译稿费低等等。有作家在主张恢复抽版税的做法时甚至说："如果抽版税是剥

---

　　① 《文化部召开文艺作家座谈会纪要》，载《中华人民共和国出版史料 9》，中国书籍出版社 2004 年版，第 163 页。

削的话，我们宁可忍受剥削。"①

但随后不久，这些言论就遭到了严厉的斥责。文化部在提交给中央的一份报告中说："远在两年多以前，文化部就根据中央的原则指示，拟定了一个书籍稿酬暂行办法（即1955年12月的草案——笔者注）。但一方面由于资产阶级右派分子猖狂进攻，由于一部分作家和一部分编辑存在着严重的资产阶级名利思想，大喊稿酬太低（这一方面是主要的），另一方面，原拟草案还有一些缺点，因此始终未能下达。以后，北京、上海以及某些地方的许多出版社，却出现了任意哄抬稿费，大量预支稿费，对于作家实行变相的金钱收买和拉拢的办法。这对作家在思想上、生活上起了腐蚀作用，而并没有真正有利于鼓励创作和提高创作水平。"②为了结束这种"混乱"局面，1958年7月，文化部终于颁布了《关于文学和社会科学书籍稿酬的暂行规定（草案）》。

新规定取消了印数定额，图书第一次出版时按照字数付给基本稿酬，并按照印数付给印数稿酬，重印时只付印数稿酬。基本稿酬分为六级，即每千字4元、6元、8元、10元、12元、15元。新规定颁布两个月后，上海市出版局就下发了《关于降低出版社稿酬标准的通知》，通知说："我局根据上海的实际情况，经过反复研究，认为目前稿酬标准仍然过高，著译者的劳动收入标准与一般劳动人民的工资标准相差悬殊，脱离群众的现象非常严重。这对今后提倡业余创作和培

---

① 《文化部召开文艺作家座谈会纪要》，载《中华人民共和国出版史料9》，中国书籍出版社2004年版，第164页。

② 《文化部党组关于请求批准文学和社会科学书籍稿酬暂行规定（草案）给中央的请示报告》，载《中华人民共和国出版史料9》，中国书籍出版社2004年版，第399—400页。

养业余作者，不仅不能起鼓励作用，恰恰相反，却更容易产生追求稿费，滋长个人名利思想，甚至引起一部分工农作者不满意体力劳动等不良后果，因而是不利于社会主义出版事业发展和创作繁荣的。"因此，通知要求将上海各出版社的稿酬标准按文化部《关于文学和社会科学书籍稿酬的暂行规定（草案）》的标准降低一半。

紧接着，1958年9月29日，张天翼、周立波、艾芜联名在《人民日报》发表了题为《我们建议减低稿费报酬》的文章。文章说：

> 现在在我们的生活中，已经出现了共产主义的萌芽。我们作家必须首先具有共产主义的精神，把为报酬而写作的思想，赶快抛掉。斤斤计较稿费的高低，是进不了共产主义社会的。目前还没有马上进入共产主义社会，还在过渡期间，稿费还不能马上取消，但把稿费减低是非常适合和非常必要的。因为稿费太高，作家的生活容易特殊化，容易脱离群众。作家一脱离了群众，就等于断绝了创作的源泉，就会什么东西也写不出来了。……上海四个文艺刊物——（"收获"、"文艺月报"、"萌芽"和"跃进文学研究专刊"）的编辑部，决定把稿费降低一半，是一项很有意义的措施。我们建议北京和各地报刊应该像上海一样把刊物发表费减去一半。到了条件成熟时，可以根本取消稿费制度。①

10月5日，《人民日报》发表评论员文章《怎样看待稿费》，对稿费讨论进行总结和定调：

---

① 转引自《中华人民共和国出版史料9》，中国书籍出版社2004年版，第538—539页。

在改变现行稿酬办法的过程中，也有两条路线的斗争。一条是发展社会主义的道路，提倡政治挂帅，发扬共产主义觉悟；一条是发展资本主义的道路，提倡拜金思想。满脑子资产阶级观点的人说，降低稿费还行，那谁还愿意写稿?! 而从社会主义、共产主义的观点出发的人，则肯定地说降低稿费不会影响稿源。我们要问，政治的力量大，还是金钱的力量大？……前两年，制定了一个科学奖金制度，但是由于思想没有解放，发明创造寥若晨星；而今年，政治挂了帅，发明创造花开满园。目前工农商学兵群众文艺创作空前繁荣，共产主义的文学艺术正在成长。人们的才能如春花怒放，创作热情如万泉迸涌。去冬今春以来，工农兵群众的文艺创作数以亿计，而且出现了许多具有高度政治思想性和艺术技巧完美的作品。他们为什么创作呢？他们是为了歌颂自己劳动创造出的奇迹，为了歌颂社会主义，歌颂共产党。他们不是为了稿费。①

在这篇评论中，不点名地用贬斥的语气提到了一个"为存款三万元而奋斗"的人、一个"一本书主义者"，一个"稿费迷"。这个人就是刘绍棠。1952年，16岁的刘绍棠发表小说《青枝绿叶》，被《新华月报》文艺版转载，还被叶圣陶编入高中语文教材第三册。1953年，刘绍棠出版了第一本短篇小说集《青枝绿叶》，1954年出版了第二本小说集《山楂村的歌声》，同年被保送到北京大学中文系。在一次会议的闲谈中，刘绍棠说："如果能有三万元的存款当后盾，利息够吃饭穿

---

① 转引自《中华人民共和国出版史料9》，中国书籍出版社2004年版，第540页。

衣的，心就能踏实下来，有条件去长期深入生活了。"这段话被报道者记录下来后，在"反右"运动中以《从神童作家到右派分子》为题，说"刘绍棠扬言要为三万元而奋斗"。1957 年 10 月 17 日，《人民日报》更发表评论员文章《从刘绍棠的堕落吸取教训》，说他"在北京买了房子住下来做专业作家"。刘绍棠从此一蹶不振，"文革"结束后才重返文坛。

期间也出现过短暂的纠错行动。1959 年 9 月，文化部党组就向中宣部递交了《关于修订文学和社会科学书籍稿酬暂行规定的报告》，认为"去年 10 月一部分作者和出版社提倡不计报酬的共产主义式的劳动，建议稿费减半，这种精神是好的；文化部没有冷静地从多方面来考虑这个问题，当时即决定和通报了书籍稿酬按 8 月规定减半支付的办法；有些出版社在实际执行时又偏低掌握，减少过多。半年多来的事实证明，这样做对于繁荣创作和提高质量都发生不利影响，现在须加以改正"①。

齐白石去世后，其家人曾要求出版社继续支付其相关作品的稿酬。辽宁省文化局就此事向文化部报告。文化部答复说："有些已故作者的家属，由于受旧中国版税制度的影响，往往企图依赖先人的劳动，获得非劳动收入。过去有些出版社也有酌情付给稿酬的。这种现象是很不合理的。为了消除这种不合理现象，我部正在研究，拟彻底改革稿酬制度，消除助长作者后代依赖非劳动收入的可能性。"② 文中

---

① 《文化部党组关于修订文学和社会科学书籍稿酬暂行规定给中央宣传部的请示报告（草稿）》，载《中华人民共和国出版史料 10》，中国书籍出版社 2005 年版，第 153 页。

② 《文化部办公厅关于出版已故作者作品付酬问题的答复》，载《中华人民共和国出版史料 10》，中国书籍出版社 2005 年版，第 260 页。

所说的彻底改革稿酬制度，于 1960 年 10 月成为事实。

1960 年 10 月 11 日，中央批准了《文化部党组和中国作家协会党组关于废除版税制、彻底改革稿酬制度的请示报告》，废除了版税制，一律按照作品的字数和质量一次性付给报酬，以后重印时不再付给任何费用。同时，对于专业作者，则由国家按照他们原来的行政级别发给工资，级别提升、福利发放和国家公务员一致。从此，作家由国家养了起来，成为了职业作家。1962 年 1 月 10 日，文化部建议重新实行 1958 年制定的基本稿酬与印数稿酬相结合的办法，但到了 1964 年 10 月 26 日，文化部又发出了《暂行停付印数稿酬的通知》，同年 11 月 18 日，中央批准了文化部的报告，同意废除印数稿酬，只按照字数一次性付酬。报告说：

> 目前我国绝大部分作者都领工资（全国仅有极少数专业作者不领工资，拟请有关单位发给工资），生活都有基本保障，稿酬只作为生活的补助和对创作劳动的一种鼓励，取消印数稿酬以后，对他们的生活，不会发生影响；而对于防止资产阶级思想对知识分子的侵蚀，对于贯彻知识分子与工农群众相结合的方针，对于防止高薪阶层的产生，对于文学艺术的健康发展都是十分必要的。[①]

此后一直到 1977 年 10 月才恢复了基本稿酬，到 1980 年 7 月才恢复了印数稿酬。

---

① 《文化部党组关于改革稿酬制度的请示报告》，载《中华人民共和国出版史料 13》，中国书籍出版社 2009 年版，第 225 页。

1958 年 3 月，陈原在全国出版跃进会议上就稿酬问题作了报告。报告带有鲜明的时代烙印，对稿费过高的危害进行了阐述，并对"一本书主义"进行了批判。多年后回忆起这个讲话时，陈原说："我们当时确实没有知识产权的最起码的概念（人们普遍认为写出一部文学作品或学术专著，同工人们运用生产线大量生产一支牙膏或一把牙刷是一样的），更没有在社会主义制度下可以而且应该让一部分人先富起来的概念。正相反，我们——包括负一定行政责任的我本人在内——都深深地抱着平均主义的思想，把社会主义看成是建设十分廉价的贫穷社会。在 50 年代末 60 年代初，我们脑子里装满了'穷则变，变则通，通则富，富则修'的奇怪逻辑。""保护知识产权绝不是一个技术问题，而是一个有关文化昌盛、社会进步的政治性问题。在前十七年期间，由于'左'倾思想的泛滥和逐渐占统治地位，我们还把稿酬问题说成是两条路线斗争问题，即把保护知识产权硬说是走资本主义道路问题。"[①] 陈原的这次讲话，作为新中国前十七年出版会议上唯一的一次专门谈知识产权问题的文献留在了历史档案之中。

三、《知识丛书》与《东方红》

（一）三种设想

胡愈之到文化部主管出版业务之后，陈原放弃了在文件上、在纸

---

① 陈原：《关于稿酬》，载《陈原出版文集》，中国书籍出版社 1995 年版，第 19—20 页。

面上纠正出版界"左"倾错误的努力，开始听从胡愈之的建议，做一些切实的出版工程。《知识丛书》就是由胡愈之倡议、陈原具体推进的工程之一。

1961 年，经过了一个接一个的政治运动与"大跃进"的失误，不少人开始反思问题到底出在哪里。知识界在反思，出版界同样在反思。胡愈之反思的结论，就是提高干部的素养，以从根源上减少犯类似错误的可能性。"最重要的是抓出一套能在那样阴暗的日子里振奋人心或者至少开释疑虑的丛书来，这样，只有这样，出版工作才能真正为人民服务。他设想这套书是有利于国计民生的书，他设想的读者对象不是在校学生，更不是学者，而是干部，或准确地说，是一般普通干部。他跟当时许多有识之士的见解一样，认为路线方针确定以后，干部就决定一切——干部水平高，就能办好事。但谁都没有去怀疑整个方向，谁都没有深入到'大跃进'失误的本质在什么地方……大家深信不疑的是当前干部缺少应有的知识，因此把好事办坏了。"[①] 正是基于这样一种认识，胡愈之和陈原开始着手这项雄心勃勃的出版工程。

1961 年 5 月，在胡愈之的召集下，陈原和中宣部出版处处长包之静、文化部出版局的王益、人民出版社的王子野、商务印书馆的陈翰伯、中华书局的金灿然以及人民文学出版社的许觉民（或是楼适夷），齐聚四川饭店，商讨丛书的出版方案。

第一种设想，是让几家出版社按照自己的出版分工，合作出版一套类似于百科全书性质的丛书，不过都是单篇本。一个问题可以出一本书，几个出版社分别出版自己擅长领域的专题，每年的规模

---

① 陈原：《记胡愈之》，生活·读书·新知三联书店 1994 年版，第 35 页。

在500—600种，坚持几年，就几乎成为一套规模宏大的百科全书了。胡愈之还提出，这套书的定位是中级的知识读物，可以请专家写，也可以请出版社的编辑来写作，借这套书的出版培养一支高素质的编辑队伍。对于这种设想，王子野、包之静、王益等人都表示赞同。

第二种设想，是重点出版两类图书。一类是紧扣现实的，能够解答当前百姓最关心的热点问题，例如"市场为什么会紧张？"、"副食品为什么会缺少？"之类，抓住热点，引起关注，一炮打响。另一类就是现代科学技术的普及类读物，这类书比重要大。胡愈之还建议能够恢复已经停办的科学普及出版社。对这个设想大家讨论得很热烈，认为第二种书应该出版，没有大的问题，但第一类热点问题的图书不好操作，"写出了恐怕也难发行"，毕竟这些问题都会牵涉到一些深层次的政治问题，没人愿意也没人敢去碰。"在六十年代初的社会气氛中，得出这样的结论是自然而然的。'大跃进'，翻几番，'放卫星'，粮食亩产十万斤，养鸡养到每只一万斤，食堂化，吃饭不要钱，公社化，大炼钢铁，没有粮食，没有副食，浮肿病……如此等等，经过两三年的反思，大家都心中有数，可是很难有人像彭大将军那么正直，那么勇敢，那么忠诚，那么无私，敢于直言不讳。胡愈老敢，我始终认为。……他原先要出这一部分'热门'书，是怀着利国利民、爱国爱民的深厚感情去设想的。不料这'热门'书设想被我们迎头泼了冷水。"① 这种设想相当于被否定了一半。

第三种设想，是在这套丛书中，出版一系列阐述马克思列宁主义知识的读物。在座的都认为难度太大，不好操作。来自中宣部的包之

---

① 陈原：《记胡愈之》，生活·读书·新知三联书店1994年版，第37—38页。

静非常尖锐地提出，这当然很有必要，但是只要出一丁点儿错误，那就是天大的问题，那就是政治问题，而不是学术问题。加上国家已经在组织一套类似的丛书，因此这个建议最终没有被采纳。

陈原给大家介绍了外国出版知识读物的情况。讲了日本战前改造社出版的《改造文库》和战后岩波书店编印的《岩波文库》，讲了英国出版的《万人文库》以及战前德国出版的 Hirt & Sohn 书店出版的小丛书，这些丛书都包罗万象，类似于商务印书馆在王云五时期出版的《万有文库》。陈原还讲到了 20 世纪 20 年代美国出版的《小蓝皮丛书》（*Little Blue Books*）。这套丛书采用 64 开本，每一小本书集中讲一个小题目，这本书不仅包含各种科学知识和理论，还包含了实用性的知识。而这套书后来也成为《知识丛书》参考的对象之一。

（二）周扬的讲话

1965 年 5 月 15 日，经齐燕铭和胡愈之签发，文化部党组《关于出版〈知识丛书〉的请示报告》送到了中央宣传部。在报告中，这套书的读者对象被确定为县和公社级以上有中等文化水平的干部，以及一般青年读者。在报送的方案中，初步计划是在 1961—1965 年出书 2000 种，每年出版 500 种左右，并特意提出"对写作内容的要求不要太苛，只要求在政治上不犯原则错误，知识丰富，不发空论，文字通顺"。这可视为从政策层面为丛书的写作者打起一把保护伞。

5 月 18 日，陈原陪同齐燕铭和胡愈之参加了中宣部的部长办公会议。部长陆定一提醒，这套丛书要向商务印书馆的《万有文库》学习，副部长周扬对丛书的设想非常支持，还说由胡愈之来担任丛书的主编再合适不过了，他说，胡愈之是出版界的"佘太君"，佘太君挂帅应该没问题。根据这次会议的意见，文化部党组于 5 月 23 日报送了修订后的丛书出版方案，丛书规模改为在两三年内出版三四百种。

丛书的编委会邀请了学术界的不少知名人物，如数学家华罗庚、桥梁工程学家茅以升、地理学家竺可桢，等等。编委会最终确定为 56 人，胡愈之任编委会主任，副主任由林涧青和陈原担任。编委会于 1961 年 8 月 3 日在人民大会堂成立。编委会还设立了一个办公室，由王城和范用具体负责。

丛书计划由六家出版社共同出版，用统一设计的封面和版式，按照内容的不同分为不同颜色。六家出版社分别是人民出版社、人民文学出版社、商务印书馆、中华书局、世界知识出版社和科学普及出版社，陈原则负责联络和协调工作。在编委会成立大会之前，陈原陪胡愈之一起，去邀请周扬发表讲话。周扬在讲话中不仅充分肯定了丛书的意义，还在一些方面给大家吃了定心丸。他说：

现在迫切需要知识，同需要粮食和副食品一样。……五八年，我们强调参加劳动，同时也强调文化。文化革命有两个方面：知识分子工农化，工农群众知识化。……近几年强调思想改造比较多些，这是应该的，但强调知识不够。现在要着重强调掌握文化知识。现在不是知识太多，而是知识太少，不是文化太高，而是文化太低。知识不足，大大地妨碍了工作。所以要出版《知识丛书》，要从各方面来满足对知识的要求。……过去我们批判过"有了数理化，走遍天下都不怕"的观点。现在我们又要批判"劳动积极学习差，走遍天下都不怕"的观点。

出版这套丛书，当然有困难：一个是忙，写五万字，要花两三个月的时间；一个是怕，怕写错了受批判。忙，只有挤时间，没有别的办法。怕，思想顾虑，我们要解决。写文章写书，不能要求每篇都百分之百的正确，这样要求是反科学的。现在工作做错了，不过在小会上批评批评，文章写错了，人人都可以在报刊上公开批评。但是，批判也不要怕。对《知识丛书》的要求，只要材料充实，没有反动观点，也就是不违背六条政治标准就行了。……至于理论上的错误，学术观点上的错误，是不可避免的，大家可以放心大胆地写，错了，大家可以讨论。要把政治问题、思想问题、学术问题分开来，要划条界线，不要轻易越过。过去往往轻易越过，把学术问题提高到世界观问题，再一提高，就成了政治问题。现在要控制一下，不要把学术问题随便提高到政治问题，甚至也不要随便提高到世界观问题。

一本《知识丛书》，其中有八分正确的，二分错误的，也是好的，就是其中有六分是正确的，四分是错误的，也还是有益的部分多些。培养青年，如果只让他读正确的书，是不行的。现在有些青年读者，要求只给他吃"味精"，要药丸，可以管几天不饿一样。要告诉他们，书里面有对的，也有不对的。对书里面不对的地方，你有知识，你可以写批评文章，但是只有感想没有论据的意见，作者可以不听。①

周扬之所以翻来覆去、反反复复讲出问题不可怕、有错误不可怕，就

① 周扬：《在〈知识丛书〉编委扩大会上的讲话》，载《中华人民共和国出版史料11》，中国书籍出版社 2007 年版，第 220—223 页。

是希望大家能够卸下包袱写作，就是希望从中宣部的层面为作者和出版社撑腰和打气，有一种反对胡乱找问题、扣帽子的错误做法的意思在里面。

（三）常务编委

在胡愈之的建议下，丛书组成了一个对内称为"常务编委"的机构，大约每一两个月开一次会。经常参加的常务编委有陈原、王城、范用、陈翰伯、丁树奇、孟超、冯宾符、许力以，等等。

在一次常务编委会议上，陈原对科学知识读物提了三条意见：一是要介绍最新的尖端科学，如原子能、半导体、电子学，等等；二是可以编写一系列的科学基本知识读物，如天体、地球之类；三是要介绍日常生活中的科学知识，如电的应用，医药卫生知识，等等。这些意见也都被编委会采纳了。

后来这套丛书中果然出版了《半导体》、《电子学》等书。"陈伯达（当时是中央的要人，"小计委"的负责人）在天津视察时，曾让秘书打电话给编委会（电话打到出版局），说他看了《电子学》一书很好，介绍这种新知识很有用。如果不以人废言，《电子学》在当时确实是给国内科学界和社会人士通报了 60 年代最尖端的信息，很值得重视；如果不是几年后发生了'史无前例'的社会大动荡，对电子学的研究和普及将提前进入世界先进行列；如果是那样，则《知识丛书》起的社会效果则是更为可观的……"①

---

① 陈原：《胡愈之和〈知识丛书〉》，载《陈原出版文集》，中国书籍出版社 1995 年版，第 83 页。

在介绍新科学方面，由胡愈之出面约请竺可桢写了一本《物候学》，竺可桢很快就完成了。编委会要约请茅以升写一本《桥梁》，但当时没有写出。直到 1972 年，陈原从五七干校回到北京，外文出版社要出版一些英文版的知识读物，陈原就建议他们去找茅以升写一本书介绍我国的桥梁。后来，此书出版后据说非常受读者的欢迎。

《知识丛书》在每本书的扉页上，都印了培根的一句名言："知识就是力量。"陈原在 20 世纪 50 年代，一度非常醉心于苏联出版的用这句名言作为刊名的杂志《知识就是力量》。"杂志的文章和补白，都十分吸引人和打动人，其特点是通过动人的文学笔调，以及利用传说、故事和民间习俗来传播最新的或基础的科学知识，而且图文并茂，使人爱不释手。由此，可以设想，是我提出的。……就是这一条格言，这六个方块字，在那动荡的十年间，不知挨过多少回大大小小的批判……"①

（四）无疾而终

为了出版好《知识丛书》，陈原和其他人一起，邀请一批知名学者，开了一系列的专题座谈会。经济方面的座谈会邀请于光远（时任中宣部科学处处长，兼任国家科委副主任）主持，参加的有陈翰笙、千家驹、勇龙桂（时任国际贸易促进会领导）等。有趣的是，这次座谈会的主要话题竟然围绕着"猪"展开。这是因为当时已经进入了三年困难时期，由于肉类和副食品匮乏，正大力提倡养猪，因此座谈会

---

① 陈原：《胡愈之和〈知识丛书〉》，载《陈原出版文集》，中国书籍出版社 1995 年版，第 84 页。

达成的共识之一，就是抓紧写出一本名为《猪》的知识读物，不但要讲猪在国民经济中的价值和作用，讲一些抽象的经济学知识，还要讲到关于猪本身的实际知识。这次座谈会提出了十几个实用经济学的选题，生动有趣。

国际问题的座谈会是姚溱（时任中宣部副部长）主持的，到会的有乔冠华（时任外交部副部长）、宦乡（时任外交部部长助理）、邵宗汉（时任外交部政策研究室副主任）、陈翰笙（时任国际问题研究所副所长）、张铁生（时任亚非研究所所长）、张明养（时任国际问题研究所研究员）、王康（时任拉丁美洲研究所所长）等等。这次座谈会的主要成果，是决定大家用最快的速度，编写出一百多本介绍各国情况的知识读本。

哲学方面的座谈会是由胡绳（时任《红旗》杂志副总编辑）主持的，金岳霖、侯外庐、潘梓年等知名学者参加座谈。这次座谈会的成果，是决定编写一套介绍我国各种流派哲学思想的小丛书，如孔子、老子、荀子，等等。

根据几次座谈会的意见，陈原等人起草了一个《知识丛书》选题计划，列了各类选题 1000 种左右。

座谈会之后，就陆续有一些图书出版了。其中最成功的，恐怕要数北京大学语言学家王力写作的《诗词格律》一书了。"这一本（《诗词格律》）是金灿然（当时任中华书局总编辑）特别去动员著名的语言学家王力教授赶写出来的。王力教授精力旺盛，且能深刻体会《知识丛书》编印的意图，在不到一个月的时间里赶出了这部五六万字的通俗读物，像他这样的专家，真是难能可贵的。会前大家都读过三本清样，几乎一致认为只有《诗词格律》写得通俗易懂，并能深入浅出，引人入胜；所以决定先印这部书，作为'样板'。……我又在出版局几十名干部中做了一次不记名的测试，百分之八九十都挑选《诗词格律》这个选题。……《知识丛书》前后出了30多种，这一种是最为人知的。"① 除此之外，竺可桢的《物候学》也很有可读性。

到了1962年，这套丛书出版了30多种，忽然局势大变，讲知识反而被认为冲击阶级斗争了。"这样的形势注定了《知识丛书》再也出不下去了。我在其后大约1963年春夏，给胡愈老送去一份《知识丛书》总结报告，也就是收盘报告，'山雨欲来风满楼'，胡愈老苦心经营的这套丛书，只好'放一放'了。"②

（五）农村读物

共产党执政以后，非常重视农村的文化生活，尤其是农村读物的出版发行工作。而年画作为一种富有传统和民族特色的特殊出版物，得到了中央极大的重视，几乎每年的出版工作总体部署中都有关于年画出版的指示，关于年画内容、定价、发行的专门文件也是非常之多。

1951年10月18日，出版总署和文化部联合发布了《关于加强年画工作的指示》，提出"改造民间年画是改革旧有文化事业中一个重要的部分。团结民间年画艺人并组织他们进行政治学习和业务学习，又是改造民间年画的重要前提。在年画艺人较多的地区，文教主

---

① 陈原：《胡愈之和〈知识丛书〉》，载《陈原出版文集》，中国书籍出版社1995年版，第81—82页。

② 陈原：《记胡愈之》，生活·读书·新知三联书店1994年版，第47—48页。

管机关应举办年画艺人短期学习班。"①

1963 年，周恩来对《中国青年》杂志发出了专门指示，特别提到了农村读物的问题：

> 你们纪念《中国青年》创刊四十周年，应该想到今后二十年怎么办？要有个计划，确定新的方针。现在刊物发行一百四十五万份，百分之七八十在城市，只有很少一部分在农村。无论从发行情况和刊物内容来看，都是和农村青年的需求很不适应的，这样继续下去是不行的。我看今后《中国青年》的方针应该是：面向农村，兼顾城市。②

1964 年 5 月 12 日，《人民日报》发表题为《大力加强农村读物出版工作》的社论，提出"在阶级斗争、生产斗争和科学实验的三大革命运动中，出版工作应该发挥重大的作用"。

正是在这样的背景下，文化部先后多次召开农村读物出版座谈会，号召出版社出版相关的选题。文化部还多次派出调查组，到农村做相关的市场调查。而对于年画，中宣部、文化部等也出台了多项措施，提出了多项规划和计划。1964 年 4 月，文化部召开了年画出版工作座谈会，邀请了全国美协和北京、上海、河北、天津、辽宁五地的美术出版社参加。这五家出版社的年画出版数量占到了全国的三分之二。座谈会提出了两个控制数字：一个是新出品种中，现代题材、

---

① 商金林：《叶圣陶年谱长编》（第三卷），人民教育出版社 2004 年版，第 155 页。
② 《周总理对〈中国青年〉杂志和团的工作的指示》，载《中华人民共和国出版史料12》，中国书籍出版社 2009 年版，第 345 页。

传统题材和其他题材的比例，控制在 70∶15∶15，另一个是印数上，现代题材、传统题材和其他题材的比例，控制在 60∶20∶20。对于木版年画，文化部认为："有的木版年画，内容陈旧，甚至传播封建迷信、淫秽、荒诞等思想，毒害群众。在经营上，有的采取资本主义经营方式，进行投机活动。"① 因此制定了木版年画的审查制度。

1965 年 12 月 9 日，文化部和中国美协的一份报告系统地论述了年画工作的重要意义之所在：

> 回顾十六年来年画、连环画发展的历史，也是一个充满斗争的过程。历次重大阶级斗争和文艺战线上两条道路的斗争，都无例外地在年画、连环画中有所反映。……特别是在三年暂时困难时期，面对着帝国主义、修正主义和各国反动派的反华大合唱和国内资产阶级猖狂进攻的时候，不但没有有领导地运用年画、连环画这个武器，对阶级敌人进行坚决的斗争；反而出版和重印大批帝王将相、才子佳人等古典题材的作品，大量散布了封建思想和资产阶级思想，甚至还出版了一些毒草。产生这种严重错误的主要原因，是由于文化部对中央认真抓好年画、连环画的指示贯彻不力，长期忽视年画、连环画作为阶级斗争的武器和党的宣传工具的重要作用，放松对编辑和创作队伍的思想教育和改造。②

---

① 《文化部、手工业管理局关于加强对木版年画管理工作的联合通知》，载《中华人民共和国出版史料 13》，中国书籍出版社 2009 年版，第 262 页。

② 《文化部党组、中国美术家协会党组关于改进年画、连环画工作的请示报告（草稿）》，载《中华人民共和国出版史料 13》，中国书籍出版社 2009 年版，第 351 页。

从中不难看出当时农村读物的匮乏，以及中央对农村读物在内容和思想上的具体要求。而胡愈之策划出版的《东方红》既具备传统的文化特色，又符合中央对农村读物的期待，成为那个时代最成功的农村读物之一。陈原在《东方红》的出版过程中，和胡愈之发生了一场不该有的误会。

（六）《东方红》

根据陈原的回忆，胡愈之出版《东方红》，是缘自他在印尼流亡期间看到的一部年历《欧家全》——可谓是民间日用的百科全书。"欧家全"本是一个广东企业家的名字，他开了一家药厂，产品行销东南亚。为了配合产品销售，他每年都会印制一部老黄历，登载了许多自己的产品在上面，而老黄历又是民间必备的读物，因此"欧家全"便成了一个家喻户晓的名字。受此启发，胡愈之打算也编印一本包罗万象的历书，发行到农村去，成为农民的万宝全书。"胡愈老在六十年代老是想农村，想农民，想农村文化，想怎样在农村中扫除文盲，如何向农民灌输科学知识文化知识，他又想到农村里很穷，很难抽出多少钱买书，最好一年买一本包罗万有，既实用又可以作文娱活动材料的书。这就是 1964—1965 年胡愈老亲自到农村读物出版社去搞《东方红》的前奏。"①

胡愈之有个大胆的想法，把这本万宝全书的名字定为《东方红》，因为当时毛主席的威信最高，《东方红》这支曲子又在大江南北传唱，

① 陈原：《记胡愈之》，生活·读书·新知三联书店 1994 年版，第 80 页。

人人都会，定下这样的书名既通俗又容易记住。但陈原对这个书名有异议，不主张用《东方红》作为书名，因为"东方红"象征毛主席，大家只要唱起这首歌，心目中就会浮现出毛主席的光辉形象，这样的一本农历书，用这个名字是不是太拔高了呢？胡愈之没有听从这个意见。

在编印这本万宝全书的时候，胡愈之体现出了突出的创新意识，他设想，这部《东方红》既要有日历，还要有大家迫切需要的卫生知识、医药知识、编毛线的花式、沼气的制作方法等等，很重要的，是要有广告。可以针对农村的需求，刊登许多产品的广告，并收取费用——因为这本书发行量会非常大，因此广告费可以收取得高一些，这样一来，就能够极大降低这部书的成本，农民就会以非常低廉的价格买到书了。并且，刊登的广告都要经得起检验，不能欺骗农民。他甚至想将这部书的编辑部，发展成为能够替农民解决实际问题的服务部，从这一点看，真是颇有韬奋先生的风范了。

正在胡愈之亲力亲为，亲自带队下乡搞调查研究，亲自编订选题，亲自设计内容，亲自审改稿件，亲自下印厂的时候，陈原和他文化部的同事们却已陷入了难言的窘境之中——"好像历史的发展已把我和我的同事们判处在'耻辱柱'上，变成人民的'罪人'"。原来，1963 年 11 月，毛泽东对《戏剧报》和文化部先后进行批评，还多次说文化部是"帝王将相部"、"才子佳人部"、"外国死人部"。——陈原称之为第一个"晴天霹雳"。

当年 12 月 12 日，毛泽东对 12 月 9 日的《文艺情况汇报》第116 号上所刊登的《柯庆施同志抓曲艺工作》一文作出批示，并把这一批示批给了北京市委的彭真和刘仁："此件可一看。各种艺术形式——戏剧、曲艺、音乐、美术、舞蹈、电影、诗和文学等等，问题不少，人数很多，社会主义改造在许多部门中，至今收效甚微。"在该文后，毛泽东又加批注："许多共产党人热心提倡封建主义和资本主义的艺术，却不热心提倡社会主义的艺术，岂非咄咄怪事。"①——陈原称之为第二个"晴天霹雳"。

1964 年 6 月 27 日，毛泽东对中央宣传部文艺处《关于全国文联和各协会整风情况的报告（草稿）》作出批示："这些协会和他们所掌握的刊物的大多数（据说有少数几个好的），十五年来，基本上（不是一切人）不执行党的政策，做官当老爷，不去接近工农兵，不去反映社会主义的革命和建设。最近几年，竟然跌到了修正主义的边缘。如不认真改造，势必在将来的某一天，要变成像匈牙利裴多菲俱乐部那样的团体。"② 在这种不切实际的估计下，全国文联及所属各协会再次进行整风，而且扩展到文化部及其直属单位。——陈原称之为第三个"晴天霹雳"。

在这一背景下，从 1964 年下半年开始，陈原及其所在的文化部便几乎停止了所有的工作，开始了气氛沉郁的整风运动。这场运动直到 1965 年 5 月才告一段落。随后，陈原被派到胡愈之正在编印《东方红》的农村读物出版社去蹲点，但所有的工作权利都已经被无形地剥夺了。而胡愈之对此并不知情，还特地请文化部来的这位老朋友、老下属帮助解决两个问题：一个是调拨纸张，调派印刷力量；另一个是安排《东方红》的内容审查。第一个问题陈原帮助解决了，但是第二个问题，陈原转告了当时的文化部、中宣部、出版局领导，相关部

---

① 《毛主席关于文学艺术的五个文件》，人民出版社 1967 年版，第 6 页。
② 中央档案馆、中共中央文献研究室编：《中共中央文件选集（1949 年 10 月—1966 年 5 月）》，人民出版社 2013 年版，第 290—291 页。

门也确实召开了一个会议专门讨论《东方红》，但陈原并没有被通知去参加会议。胡愈之为此很不高兴，可能是以为陈原不来捧场是因为自己已经退居二线的缘故。后来，三个部门的审查意见出来之后，都委托陈原综合起来转达给胡愈之，并要陈原以自己的名义去"劝"胡愈之按照审查意见来办理。"胡愈老组织性很强，他一定也知道这不是我个人的意见，他一一照办，虽然看得出来他是勉强照办的，他不喜欢这许许多多的条条框框。胡愈老肯定认为我至少也是那些顽固的条条框框主义者中的一员，那次谈话是我跟胡愈老几十年交往中最不愉快的一次，现在回想起来也还觉得是最伤心的一次。悲剧性的冲突竟然在胡愈老与我之间发生了。"[1]

不过，《东方红》出版后还是受到了广大农村读者的欢迎，也得到了社会各界的好评。石西民在一次农村读物座谈会上，就赞许了胡愈之搞的农村调查报告，说"报告归纳的几点：全、实用、形式美观，我看有道理"，"农村读物没有 100 万下不去，印三五万的不叫农村读物"。[2] 中宣部在《中央一级有关的几个出版社加强农村读物出版工作的计划》中，也要求"认真总结《东方红》的编辑出版工作经验，把1966 年本《东方红》编得更加切合农村需要一些"[3]。但也许正是由于《东方红》的成功，使得胡愈之更加难以理解陈原对这部书所提的那些"意见"了。陈原后来回忆道：

---

① 陈原：《记胡愈之》，生活·读书·新知三联书店 1994 年版，第 86 页。

② 《石西民在农村读物座谈会上的讲话》，载《中华人民共和国出版史料 13》，中国书籍出版社 2009 年版，第 284 页。

③ 《中央一级有关的几个出版社加强农村读物出版工作的计划》，载《中华人民共和国出版史料 13》，中国书籍出版社 2009 年版，第 327 页。

　　我清楚地记得 1966 年初一个下雪的夜晚，胡愈老约几个世界语者到他家谈世界语工作（这是我跟他老人家此时唯一最畅通的渠道）。快到午夜了，他送我们出大门。他走在我身边轻轻对我说：我不明白你为什么不支持我编印《东方红》。我吃了一惊，我只能黯然，我没有回答他。也许我说过一两句礼貌的话，但我实在不能回答他。我踏着大雪从东四回到南小街，我心中很难过，也许他老人家心中也很难过，但我能说什么呢？……①

　　是啊，彼时的陈原又能说些什么呢？那一晚的大风雪与个人心中的难过，与那一年即将刮起的一场更大的社会风暴及其给人民带来的灾难比起来，又算得了什么呢？

---

　　①　陈原：《记胡愈之》，生活·读书·新知三联书店 1994 年版，第 87 页。

第三章

不是空白的空白

在《商务印书馆大事记》中，1966—1976 年之间留下了整页整页的空白，与其他页面密密麻麻的字迹比较起来，这些空白给人一种窒息感，也会让人在阅读时产生一种蹉跎岁月的惋惜，而它给人更多的感受，恐怕还是一种欲说还休、难以言表的复杂情感。陈原在编这本大事记时使用的空白，应该也是对自己"文革"岁月的一种回顾和一种态度。套用其在《隧道的尽头是光明抑或光明的尽头是隧道》一书中惯用的句式来表述，这段岁月可谓是"不是空白的空白"。

一、政治运动中的陈原和出版界

其实在 1966 年"文化大革命"爆发以前，中国社会就已经经历了多场政治运动，这些运动在某种程度上，都打乱了出版界的正常运转，影响了出版事业的顺利发展。尤其是"文革"前的"反右倾"运动，将大量出版界人士和知识分子错划为右派，极大地削弱了出版事业的基本力量。而陈原作为文化部出版局的领导成员，也不可避免地遇到了一系列的错误批判。

（一）秋风初起意微寒

如果说"文革"对国人来说是寒冬，那之前的历次运动不过是初起的秋风，仅仅给人带来一丝意料之外的寒意而已，并未像后来那样冻彻肌骨，撕扯灵魂。

1951 年到 1952 年的"三反"运动，其实在某种程度上帮助不少出版人员改进了服务态度和工作作风，是深得人心的，也是有必要的。胡愈之对此总结说："'三反'运动暴露了并且批判了我们领导上的官僚主义作风，在这以后我们机关和企业中领导工作有了一些改进。但由于'三反'运动与整党学习偏重于个人思想作风的检讨，对于联系具体业务与出版发行的方针政策来检讨资本主义思想与官僚主义作风，做得不够彻底。"① 陈原在后来的回忆性文字里，几乎没有提

---

① 《出版总署 1952 年工作总结》，载《中华人民共和国出版史料 4》，中国书籍出版社 1998 年版，第 421 页。

及这场运动，但作为出版总署副署长的叶圣陶，则生动地记录了当时出版总署及其直属机关的运动现场，陈原当时应该也在场。从中可以窥出当时出版界对这场运动的评价和感受。

1952 年 1 月 7 日，出版总署召开了"三反"运动动员大会，全署及直属单位全部人员参加。叶圣陶记录道：

> 原定程序，蟫生、卜明、洛峰、灿然四人各作自我检讨，大致承认其具有官僚主义，然后群众发言。不意蟫生所作检讨流于形式，态度亦不诚恳。乃有人起立叫喊，如此检讨无多意义，应变更程序，先讨论蟫生之报告。愈之作主席，请群众表决，主张变更程序者占多数。于是群众热烈发言，大多指蟫生之失职，并及总务科同人之贪污行为。蟫生任办公厅主任一年有余，由于不甚了解情况，失职实多。较次之毛病则为对人之态度不好，办事无规则等等。余心久不以为然，今日听群众所言，知其招人不满深矣。彼任总支书记，署中党员已向彼批评多次，而彼满不在乎，未能接受。今以反对官僚主义而终于揭露，亦复佳事。……我署自成立以来，群众大会以今日为最盛。有谓今日乃见共产党之批评精神。……①

开明书店也进行了类似的活动，叶圣陶在日记里记录说："开明亦方进行'三反'运动。伯祥甚称此举之有意义，互相批评，开未有之前例。余于此运动，初以为与贪污浪费无涉者，意义即较少。及蟫

---

① 商金林：《叶圣陶年谱长编》（第三卷），人民教育出版社 2005 年版，第 179 页。

生之遭批评，乃悟官僚主义也者，益非泛泛言之，实与贪污浪费同其可恶，且为贪污浪费之源。而官僚主义实为人人所有之通病，仅程度有深浅耳。此次运动将使人人于思想上洗一回澡，洗濯干净，工作必将改观，故其意义至为深广矣。"① 叶圣陶将此次运动喻为洗澡，可谓贴切。

时已深居简出的出版先辈张元济，亦对此次运动非常关注，并在一片赞扬声中，提出了自己对这种"运动式"做法的独特而冷静的看法：

> "三反"、"五反"条目虽繁，而其要点只在一"贪"字。贪之为害，不可胜言。推极言之，足以亡国。此次之严刑重罚自可肃清于一时，以治病言，□□先究其根源，进而施以适宜之治疗除根，免有复发之日。凡人孰不好安逸而恶劳苦，共产之刻苦耐劳实有可过人之处，然我以为只能行之于少数之同志，而不能行之于多数之常人。即能行之，亦只能持之短暂，而不能持之于久远。我以为运动终结以后，必须有根本之治理之方。春秋之世，孔墨并称，而无并卒能行。说者谓其道大觳，民多苦之，洵非无理。弟窃以为亟宜采夫重禄之义，而去墨子大觳之弊。虽不能说贪污从此绝迹，谅可较胜于目前。②

作为为数不多经历过晚清、民国、新中国的出版人，张元济无疑比其他人看得更深更远。

---

① 商金林：《叶圣陶年谱长编》（第三卷），人民教育出版社 2005 年版，第 182 页。
② 《张元济全集2》，商务印书馆 2007 年版，第 420 页。

（二）整风、"反右"运动

1957 年 4 月 27 日，中共中央发出《关于整风运动的指示》，全国出版系统各单位立即行动起来，根据中央精神对照检查。1957 年 5 月，文化部组织召开三次各直属出版单位负责人整风座谈会，指出了出版事业领导工作中官僚主义、主观主义的若干表现。紧接着，又召开了两次老出版工作者座谈会，批评出版工作中存在的宗派主义。曾彦修、冯雪峰、史育才、章锡琛、张静庐、姚绍华等人都提出了一些对改进出版工作有益的意见。6 月 8 日，《人民日报》发表社论，号召人们"必须用阶级斗争的观点来观察当前的种种现象，并且得出正确的结论"。随后，一场大规模的"反右派"斗争在全国展开。从 7 月 15 日到 9 月 25 日，历时两个多月，文化部在北京共开了 20 次"反右派斗争座谈会"，掀起了出版界"反右派"斗争的热潮。时任文化部副部长张致祥说："这是出版工作方面两条道路，即社会主义道路和资本主义道路谁胜谁负的斗争。"这场斗争被严重扩大化，到 1958 年夏季基本结束，一批曾在整风运动中对党提出过批评建议的知识分子、爱国人士和党内干部被错扣上了"右派"的帽子，造成了不幸的后果。

当时党内认为，资产阶级右派之所以要被粉碎，是因为他们抹杀了新中国成立以来出版工作的成绩，否认党的正确领导，歪曲马克思主义宣传，反对出版工作的计划化，反对学习苏联经验。文化干部队伍基本上由资产阶级知识分子和旧艺人组成，左派占少数，修正主义思想和非政治倾向比较严重，右派分子还存在着严重的资产阶级名利思想。

（三）出版"大跃进"

1958 年 3 月 10 日至 15 日，全国出版工作跃进会议在上海召开，一场轰轰烈烈的出版"大跃进"活动就此在全国大范围展开。极左思潮在学术界与出版界肆虐，导致出版工作严重偏离了健康良性发展的轨道。陈原在这场运动中也难于"幸免"，他曾公开反对"厚古薄今"，在出版社中引起了不小的波动。在日后编写的《文集》中，他对于"跃进"时期的思想倾向问题作出了反思，认为当时自己在出版工作中表现出了根深蒂固的极左思想，是一种"罪行"，应该得到批判。随后，在 1958 年 11 月 28 日至 12 月 10 日，中共八届六中全会通过了《关于人民公社若干问题的决议》和《关于 1959 年国民经济计划的决议》，明确指出人民公社无根据地宣布实行全民所有制甚至进入共产主义的做法是一种轻率的表现，要继续大力发展生产力，大力发展商品生产，坚持按劳分配，同时大幅度降低原定的各项生产任务指标。这次会议被认为是释放了些许纠"左"的信号，包括陈原在内的出版工作者在这样的时代背景下也企图纠正一些出版跃进活动中的错误倾向。陈原主持起草了一系列关于出版工作的政策指导性文稿，在"为政治、为生产、为工农兵服务"的方针、"三化"方针、对待知识分子专家学者的态度等方面给予了一定程度的纠正，从中可以窥见其对出版"大跃进"的个人看法。

　　我们也不应该对为政治、为生产、为工农兵服务的方针作狭隘的理解，以为只有出版直接谈现实政治问题的图书，直接介绍生产经验的图书，直接以工农兵为对象的图书，才算贯彻这个方针；甚至以为只有出版密切配合当前中心任务的图书，才算贯彻这个方针。如果这样，就会把这个正确的方针弄得简单化，使图书的品种限制在狭窄的范围里面，因而不利于出版事业的繁荣和发展。

我们反对厚古薄今，重外轻中，但也要反对不加分析地排斥古典题材、民族遗产和外国经验、外国的学术文化。

所谓"三化"方针，它的意思是要求地方出版社根据当地的政治、经济、文化情况，联系实际、联系群众，适应实际需要，出版通俗读物，为当地的革命斗争和建设工作服务；……因此，我们在执行"地方化、群众化、通俗化"方针的时候，不要作狭隘的理解。……在出版物中，通俗读物占很大比重，是完全必要的。

以为出版社只应当向工农兵群众组稿，只有依靠工农兵写稿才能提高质量，这种想法，也是片面的。我们应该贯彻两条腿走路的精神，在继续向工、农、兵作者组稿，并且以高度的热情帮助他们提高书稿质量的同时，也要向知识分子专家组稿，不要使真正愿意为社会主义服务的专家学者受到冷淡。[1]

（四）出版协会风波

令陈原初次感受到些许寒意的，应该还不是这些运动，而是由创立出版协会牵出的一场风波。

1961 年到 1962 年间，在胡愈之的启发下，陈原等知识分子热心于成立一个出版工作者的群众组织即出版工作者协会。该组织可

---

[1] 《陈原出版文集》，中国书籍出版社 1995 年版，第 34—37 页。

以保障出版社编辑的社会地位，比如名正言顺地参与国家的政治活动。由于没有法令的强制性，很多事情依靠人民团体也更容易推行下去。协会可改善出版工作者的生活条件，组织编辑参加各类学术活动，亦可广泛地与外国同业交流，展开外事工作。总之，成立一个专门的出版工作者协会对出版事业大有裨益。对于成立出版协会的想法，当时中央有关部门是认可的。在陈原"文化大革命"时期的"交代材料"中有这样的记述：

> 1962 年 9 月至 10 月由文化部商请中国人民政治协商会议召开一个全国性的出版座谈会，除了请编辑工作者们"大鸣大放"以外，就集中讨论如何成立一个群众组织即出版工作者协会的问题。事先，在当年六月间已经由文化部出版局起草了一个准备成立协会的请示报告送到中央有关部门，并且已得到口头批准了。[①]

在那次座谈会上，胡愈之、陈原等人并没有得到他们期许的结果。会议结束前两天，党的八届十中全会公报发表了，公报里强调的阶级斗争的长期性、复杂性和激烈性使得有关部门的领导同志们不敢再对出版协会一事表明任何态度。于是，出版协会便胎死腹中了。

（五）"文革"岁月

"文化大革命"正式开始之前，出版界就开始受到打击，毛泽东

[①]　陈原：《记胡愈之》，生活·读书·新知三联书店 1994 年版，第 65 页。

曾对文艺文化工作提出三次批评，这些严厉的指责导致了文化部门的又一次整风。陈原回忆这段时期的经历，可谓是紧张、闷人、困扰、令人沮丧。

直到1965年5月1日，整风告一段落，陈原被派去农村读物出版社"蹲点"，帮助那里工作。虽然并没有被正式撤去领导职务，但是文化部、出版局的会议均无法参加了。就在几天之后，陈原被告知作为代表团秘书长参加东京第五十届国际世界语大会，叶籁士任团长。为参展需要，他以国庆十五周年彩色大型纪录片为蓝本，牵头制作了中国第一部长达六十分钟的世界语配音纪录片。虽然东京之行最终因为中日关系尚未正常化而夭折，但是代表团一行十人毫无怨言，大家内心中仍充满了对世界语的热情。

1966年5月16日，"文化大革命"开始。出版界作为被"彻底批判"的"五界"之一，是最早受到冲击、最早被"夺权"的部门之一。[①] 其间，作为世界语协会秘书长的陈原由于一直是推行"世界语"的身体力行者，挨过两次群众性的"斗争"。这其中的逻辑是，必须打倒"黑线"大人物，"黑线"大人物提倡过世界语，那么世界语就是"罪恶"的，相关的人也必须被打倒。第一次"斗争会"是在1967年4月，约两个月后，陈原再一次遭到"陪斗"。

在三天两头挨"斗"的艰难岁月中，他没有失去对世界语、对出版、对人生的希望，虽然内心充满了无奈，但仍能保持乐观的心态，在"造反派"面前"面不改容"，从容应对，实属不易。他说"在那漫长的十年中，仅仅挨过两次'斗争'，为了世界语，这值得"。

---

① 方厚枢、魏玉山：《中国出版通史9》，中国书籍出版社2008年版，第119页。

1969 年 10 月，陈原和文化部所有员工家属一起被下放到湖北咸宁文化部五七干校。直到 1972 年，陈原才被国务院调回北京，并派到中华书局、商务印书馆（联营）做些临时性工作。

二、《现代汉语词典》事件

（一）缘起 1956

1956 年 2 月 6 日，国务院发布关于推广普通话的指示，责成中国科学院语言研究所编写以确定词汇规范为目的的中型现代汉语词典。同年 7 月，词典编辑室正式成立，由三部分人员组成：编写《新华字典》的新华辞书社、编写《国语词典》的中国大辞典编纂处和语言研究所，吕叔湘担任编辑室主任和《现代汉语词典》主编。编辑工作可谓困难重重，时间紧，任务重，起初是缺人、缺物、缺资料，人员刚刚到位，资料收集刚刚步入正轨之时，词典编辑室副主任赵卓同志又不幸病逝。尽管如此，编辑工作从未停止，在一年半的时间内，累计收集整理了 100 多万张语料卡片，为词典编写打下了坚实的基础。语料采集主要依据的是当时的出版物如《毛泽东选集》、《人民日报》、《北京日报》等白话报纸，以及《中国人民文学丛书》收录的文艺作品等。1957 年冬至 1966 年春，即词典编写工作开始之时到试用本正式出版之前，"为了广泛征求意见，前后油印了三次，铅印了三次，其中部分难处理的条目，还另外油印了三次，铅印了三次，分送有关方面。这在出版史上可以说前无古人，而在《现代汉语词典》

出版后的几十年时间里也未见有这样编词典的，可谓后无来者"①。

（二）惨遭大批判

就在《现代汉语词典》根据各方意见审稿过程中，因"文革"爆发，编辑工作被迫停止。当时所有的大小字词典不出售、不再版，学生上学连一部字典都买不到了，群众对字典的需求十分迫切。因此，国务院有关领导亲自过问字典的出版工作，并责成有关同志抓好字典的修订工作。商务印书馆经过短时间的筹备，于 1972 年冬天对印出过送审本、还未公开印行的《现代汉语词典》进行修订，对原书样本中发现的明显错误作了改正之后，于 1973 年初付印，5 月出版第一批，仅供内部发行。为谨慎起见，避免出现政治问题，词典室和商务印书馆还特地增加了一段说明：

> 这是 1965 年排印的《现代汉语词典（试用本）》送审稿本……这个稿本是"文化大革命"前编写的，不论是政治思想性方面，还是科学性方面，都会存在很多错误和缺点。我们诚恳地希望广大读者多多提出批评意见，尽快寄给我们，以便参照修订成书，正式印行。②

即便如此小心，词典依然没有逃过"四人帮"的围剿。1974 年 3 月 1 日，某地方群众说《现代汉语词典》某些词条有尊孔倾向，

---

① 于殿利等：《品牌之道——商务印书馆》，商务印书馆 2008 年版，第 245 页。
② 于殿利等：《品牌之道——商务印书馆》，商务印书馆 2008 年版，第 246 页。

提出了批评意见。"四人帮"攻击《现代汉语词典》的"罪行"主要有二：一是词典收录了许多"封资修"的词汇，是"封资修的大杂烩"；二是词汇不贴阶级标签，是所谓的"客观主义"，甚至"颂扬孔孟之道"。这些诬蔑在词典编辑工作人员中造成了极为恶劣的影响。

在这场批判《现汉》的运动中，陈原因为建议内部印行词典而同样遭到批判。

姚文元批示要将《现汉》封存、销毁，陈原一直消极抵制，也没有作过一次关于《现汉》的检讨。迫于外界的压力，陈原一方面不能违抗销毁的命令，另一方面要想尽办法保住这批词典。他以销毁工厂业务繁忙为由巧妙地将这件事搪塞过去，并把词典全部封存在了商务印书馆位于北京西郊的库房里，可以说为《现汉》保留了最后一批"火种"，为词典日后的重新修订出版作出了重要贡献。为解决全国词典荒的问题，1975 年在广州召开了全国辞书规划会议。因还处于"文革"期间，批判《现汉》被列为会议内容。陈原对这样的批判始终不以为然，在他内心中，一直保持着一个态度：《现汉》何错之有！商务印书馆原总经理杨德炎回忆这段经历时说：

> 我记得当时陈原一见丁先生就告诉他："这次会上我不发言。"我猜想他的意思应该是暗示丁先生，作为主持《现汉》出版工作的他不发言，身为《现汉》主编的丁先生也可以不必作长篇发言和检查。①

---

① 于殿利等：《品牌之道——商务印书馆》，商务印书馆 2008 年版，第 291 页。

1977 年 11 月 1 日，《辞源》修订工作会议在长沙举行。这次会议被认为是粉碎"四人帮"以后词典工作者一次"拨乱反正"的会议。陈原代表国家出版局的《辞源》修订工作领导小组在会上作了长达七个小时的讲话。他详细讲述了"四人帮"迫害《现汉》的经过，提出了核心观点——语言本身是没有阶级性的，语文词典是为社会各个阶级和阶层服务的，不能认为语文词典只为无产阶级服务。陈原在会上提出的在词典工作中要把握好几个重要的是非界限，不仅对当时出版界分清思想是非，肃清"四人帮"的流毒和影响指明了方向，其中的一些观点对今天的词典出版工作仍有借鉴意义。

一是要划清词典和政论的界限。词典具备一切出版物的共性，但是也具备其特性，词典绝非政治教科书。

二是要划清客观态度和客观主义的界限。词典的表述一定要采取客观态度，就是革命性和科学性的统一，实事求是。

三是要划清有时代精神和为当前政治斗争服务的界限。词典要有时代精神，反映出时代面貌，并不是要排斥固有的词语，更不是删去所有同现实斗争没有关系的词语。

四是要划清相对稳定性和反对新生事物的界限。词典能反映基本的、基础的、一定时期内出现的新生事物，但它不可能反映每日每时都出现的一切新东西。

五是要划清尊重语言规律和所谓"封资修的大杂烩"的界限。

六是要划清古为今用和复辟回潮的界限。

七是要划清洋为中用和崇洋媚外的界限。

八是要划清开门编词典和反对专家路线的界限。

九是要划清辩证法和形而上学的界限。

十是要划清革命文风和"帮八股"的界限。

尽管因辞书被批判，陈原始终没有放弃他一直热爱的辞书事业。为深刻认识词典翻、检、查、阅的功能，弄清楚词典究竟有没有阶级性这迷惑人的难题，他能从头至尾读完一本旧《辞海》、一本旧《辞源》和一本第五版的《简明牛津英语辞典》。他曾说，姚文元"一棍子打开了我在未来的十多年间从事词典编写组织工作的路"①。这条道阻且长的词典编纂之路，绝非常人可以轻易走完。陈原说过："我说编词典的工作不是人干的，但它是圣人干的。""咱们干词典的就是圣人！……喔呦，那阵子《现代汉语词典》中'圣人'这一条挨批评得厉害，我现在又来复辟了。他们牺牲自己，为别人的幸福，为国家的四化，为我们民族的光荣，为我们民族文化的积累，为整个民族科学文化水平的提高作出贡献。历史不会忘记这些圣人，人民也不会忘记这些圣人。这些圣人一时可能得不到人们的尊重，但终究会有人知道他们的。"②

1975 年 5 月，国家出版局在广州召开的中外语文词典编写出版规划座谈会，为我国辞书编纂事业谋划了十年的发展蓝图。座谈会报告和会议提出的《中外语文词典十年规划（草案）》经邓小平同志同意后报周恩来总理最后审批。《辞海》、《辞源》、《汉语大词典》、《汉语大字典》等大型汉语辞书，新编英汉、日汉、法汉、德汉等大型外语辞书都是列入规划的骨干工程。粉碎"四人帮"之后，我国出版事业迎来了春天，规划中的辞书项目陆续上马。参与编写《汉语大词典》、《汉语大字典》两部重要辞书工作的有几十所高等院校，由于

①　于殿利等：《品牌之道——商务印书馆》，商务印书馆 2008 年版，第 292 页。

②　《陈原出版文集》，中国书籍出版社 1995 年版，第 151 页。

没有牵头的单位，工作遇到很大困难，甚至面临夭折的危险。陈原对这两部辞书给予了高度重视。在 1980 年 11 月召开的《汉语大词典》第二次编委会上，他以国家出版局党组成员的身份作了三次讲话，为推动词典的编写工作做出了自己的努力。

他认为，知识的传播，文化的积累，文明程度的提高，"四化"的实现，词典是必不可少的一种工具。他鼓励编辑要怀有宽广之心，主动承担错误，相互体谅。他不是具体的编写人员，而是编写工作的组织者，自称为词典的"接触家"，但是对词典抱有极强的责任心和使命感，主动承担终审的"金字塔尖"，为编辑们消除顾虑。他曾对编辑人员这样说：

> 我们的主编们都是饱学之士，但是我历来声明，出了错，都由我负责，你们斗我。如果第二次"文化大革命"，戴高帽、罚跪、喷气式，通由我承担！如果证明我们两个主编改对了，原来你不对，那末你不要说我好，你就对那两个同志说："咳，你还比我稍微高明一点，使我避免了一次出丑的机会。"
>
> 出版要有个人拍板。谁拍呀？就是金字塔尖。那么，什么"仇恨"都对准了金字塔尖。我，来当这个塔尖。以后没有"文化大革命"，不要怕。经历了"文化大革命"，没有吓倒我们，我们怕什么？只怕没有真理。……我们这个工作是为人民服务的工作。这个功劳是你的，错了是我的，添错了是我的，添对了还是你的，稿费你要，稿费我不要。①

---

① 《陈原出版文集》，中国书籍出版社 1995 年版，第 154—155 页。

在这次编委会上，他还对《汉语大词典》、《汉语大字典》的编写工作提出了具体要求：在内容上，收录词汇要富有生命力和活力；在释义上，要具有极高的准确性，不生造，不臆断；在文风上，要简洁明了，不违反逻辑，不作同义反复。这些要求推动了词典的出版工作进入新阶段。大约一年之后，两部辞书的出版工作进入关键时刻。之所以说是关键，在陈原看来，这"是最微妙的时刻，是最困难的时刻，是矛盾最尖锐的时刻，最使人苦恼或者失掉信心的时刻"，"如果领导上稍微动摇一点，如果领导上稍微失去一点信心，如果遇到一些莫名其妙的困难顶不住，我们完全可以垮下来。我就怕这个"。① 因此，在关键时刻，陈原参加了 1981 年 12 月召开的词典编委会第三次会议。在会上，他以一个"外行人"、"接触者"的身份与编委会成员和学术顾问交流了自己的想法，他希望参加词典工作的同志们不要有丝毫的动摇，一切从实际出发，分清职责，分秒必争，编出时代感强、规范化、水平高的语词研究词典，从这一谈话中仍然能够读出陈原对词典事业的执着与担当。

　　我们这本词典是历史交给我们的任务，时代给我们的担子，是历史的担子……它不是你愿意挑不愿意挑的问题，而是必须挑起来。为什么这样说呢？因为按照历史发展的通例，当一个近代的民族国家，或者是一个近代的民族形成的时候，它就有必要去整理它的语言文字，它要总结它的语言习惯，要总结这一套语言习惯的规律，使它的民族国家机能发挥得好一些。因此在近代

---

① 《陈原出版文集》，中国书籍出版社 1995 年版，第 166 页。

民族国家形成的过程中，人们就必定编出大型的完备的语文词典……这个是历史赋给我们的担子。我们不挑也不行，我们不挑对不起祖宗，也对不起后代……我们搞词典就是救国的一部分，是振兴中华的一部分。[①]

三、漫步世界语：沉醉与解脱

波兰医生柴门霍夫在历史上第一个成功地创制了一种国际语方案——世界语，并且成功地把世界语推行到许多国家，使它成为各民族之间的交际工具。陈原说自己是在世界语的感召下"参加到民族解放和进步文化事业的万万千千的年轻人"中的一员。他自 1949 年起在胡愈之手下工作，受他的影响熏陶，亦为民族解放，为文化事业，为振兴中华，为世界和平，投入世界语事业中。即便在整风、"反右"、"文化大革命"等环境下，胡愈之、陈原等世界语推行者依然没有放弃追求。世界语便是那段"空白"中的一点闪光。

胡愈之在 1956 年 5 月率团访问苏联考察世界语运动，回国后便向当时的国务院副总理、国务院外事办公室主任陈毅同志打了报告，讲述世界语运动在各国特别是在苏联和东欧国家"复苏"的情况，建议我国重建世界语以联系世界各族人民和用于对外宣传。胡愈之还提议派一个世界语代表团赴丹麦参加国际世界语大会，加强国际交流，推动国内的世界语工作。报告得到批准后，新中国正式派出的第一个

---

① 《陈原出版文集》，中国书籍出版社 1995 年版，第 161 页。

世界语代表团由叶籁士、张企程和陈原三人组成，在 1956 年 8 月参加了第四十一届国际世界语大会。国内的世界语协会经过停顿和恢复之后，协会的组织领导问题也提上了日程。在当时中宣部主管对外宣传的副部长姚溱的支持下，1962 年 6 月 24 日中宣部正式发文，规定世界语协会归对外文委和文化部双重领导，陈原作为秘书长发挥承上启下的沟通联络作用。文化部当年也发文规定省市地方的世界语组织，归各省市自治区的文化局（厅）领导。

1963 年 7 月 21 日，世界语协会和《中国报导》杂志社共同举办了世界语对外宣传工作展览，展示了《中国报导》杂志收到的大量外国读者的来信，突出了我国出版的世界语书籍、杂志发行到苏联和东欧各国后这些国家读者的热情反映。对当时展览的情形，陈原曾记述：

> 那时的展览同现在不同，是崇尚朴素和节约的，都是工作人员自己动手，一点也不排场，借南小街 51 号中国文字改革委员会大楼的一层布置的……这个展览规模虽小，但看的人很多，最初几天是专门请领导们看的。来看的显赫人物当中，有陈老总（陈毅元帅）、张茜（陈总夫人）、胡乔木、姚依林、刘长胜、孔原、张彦、楚图南（楚老后来当了世界语之友会会长）、张奚若、张致祥、罗俊、丁西林、朱光（都是对外文委领导）等。①

与展览同期举办的是我国第一次全国性的世界语工作座谈会，陈

---

① 陈原：《记胡愈之》，生活·读书·新知三联书店 1994 年版，第 53—54 页。

原负责会议的各项事务安排。特别值得一提的是，在这样一个小规模的学术性会议上，陈毅同志作了近两个小时的讲话，对胡愈之、陈原乃至整个世界语组织都是极大的鼓舞。陈老总讲了世界语工作，也讲了国际形势，归结起来有几个基本点，可谓切中当时世界语工作的要害：一是世界上有那么一批人喜欢世界语，这工作就值得做；二是帝国主义倒台不倒台和世界语无关，资本主义可以利用世界语，我们也能用世界语宣传马列主义，世界语工作很有意义，要消除种族、宗教的成见，不要走进"左"倾误区；三是要在北京举行一次国际世界语大会，要让外宾看中国建设，也看世界语工作。在陈毅同志讲话后六天，胡愈之也作了一次十分详尽的讲话，阐述了世界语工作的重要性、必要性和工作的方式方法等内容。这些重要的讲话没有公开发表过，幸运的是，陈原用心地记录下来，日后摘编到自己的专著中，以备后人学习。

在"文革"中，世界语工作处于停滞状态。但是陈原说："如果没有像胡愈老那样一个有地位、有威望、有超乎寻常的毅力，对世界语充满了热情和信念的'犟'老头，那么，世界语就会在这片黄土地上被埋葬了。"[①] 陈原亦是世界语的捍卫者，他陪胡愈之挨斗而"乐在其中"，陪着胡愈之不放弃一丝让世界语重生的机会。在胡愈之的邀请下，陈原随他为了世界语事业两次拜访国家外文出版发行事业局局长冯铉，提出了一些实质性问题，但都没有得到解决。胡愈之认为，问题不解决不要紧，关键是为世界语造舆论，以"官式拜访"的形式表明全国世界语组织还活着，理事长和秘书长还在活动。1973年3月，

---

① 陈原：《记胡愈之》，生活·读书·新知三联书店1994年版，第93页。

世界语事业迎来了重建的大好机遇。中日邦交正常化之后，日本文化宿将土岐善麿率领的日本文化代表团应郭沫若邀请访问中国。土岐是一位热心的世界语学者，胡愈之趁机同叶籁士一起会见了他和代表团中的另一位世界语者德田，专门谈了两国世界语者互访的问题。同年，中国即派了世界语代表团访日，翌年，日本世界语代表团访华。在中日互访活动的推动下，中央批准世界语协会由国务院教科组领导。因为有了胡愈之、陈原等人的不懈坚持，世界语事业终于重生。

第四章

又向书林努力来

1976 年，随着"四人帮"的覆灭，出版界开展了揭发、批判"四人帮"罪行的一系列活动。随着活动的深入，出版业也迎来了久违的春天，虽然春寒料峭，但一大批重获自由的出版人，压抑多年的创业激情喷薄而出，迫不及待地要投身于新的事业，又向书林努力来。陈原也是其中的一个。

一、忽如一夜春风来

1977 年 5 月，王匡主持国家出版局工作，决定成立出版工作调研小组，由陈原主持，范用、宋木文协助，以国家出版局研究室的相关人员为工作班底。陈原等人经过三个多月的调研得出结论，认为要纠正出版工作中"左"的影响，分清路线是非，扭转当时出版工作举步维艰的萧条形势，就必须批判、推倒写入中共中央 1971 年 43 号文件《关于全国出版工作座谈会的报告》中的"两个估计"的判断，即中华人民共和国成立以来出版界是"反革命黑线专政，资产阶级知识分子占统治地位"，这些人不能用，要重新组建出版队伍。周恩来总理从 1969 年 9 月起，开始过问出版工作，根据他的指示，1971 年 3 月在北京召开全国出版工作座谈会。会议期间，他两次接见会议领导小组成员，在谈话中严肃地批评了形而上学、割断历史、打倒一切、否定一切的极左思潮，对做好各类图书的出版工作作了许多指示，但由于"文革"的"左"倾错误和"以阶级斗争为纲"的指导方针没有改变，特别是由于张春桥、姚文元插手，将"两个估计"写入出版工作座谈会的文件中，因而周恩来的许多重要指示难以贯彻落实，这次会议的报告，经毛泽东批示"同意"，由中共中央转发全国贯彻执行。

宋木文回忆："这个文件对恢复处于停顿状态的出版工作起了积极作用。但其中的'两个估计'却成为正确评价新中国成立以来出版工作、解禁一大批被封存图书和解放整个出版队伍的严重障碍。在粉碎'四人帮'后的那段徘徊时期，'两个凡是'的影响很大，由一个业务部门去纠正与毛泽东有关的决策是很困难的。"[①] 但是陈原的调研小组坚持了这一判断。"恰逢此时，邓小平提出要纠正对科学和教育领域的'两个估计'（出自 1971 年 8 月中央 44 号文件，同出版领域

---

① 宋木文：《出版领域的拨乱反正》，《出版史料》2005 年第 2 期。

的 43 号文件几乎同时发生，内容同样是黑线专政，资产阶级知识分子占统治地位），对出版界具有重大的现实指导意义，他在 1977 年 8 月 8 日的科学和教育工作座谈会上说：'对建国以后的十几年怎样估计，这是大家很关心的问题，对全国教育战线十七年的工作怎样估计我看主导方面是红线，应当肯定，十七年中，绝大多数知识分子，不管是科学工作者还是教育工作者，在毛泽东思想的光辉照耀下，在党的正确领导下，辛勤劳动，努力工作，取得了很大成绩。……如果对十七年不作这样的估计，就无法解释我们所取得的一切成就了。'在 9 月 19 日的一次谈话中更明确地指出：'两个估计'是不符合实际的。邓小平的重要讲话，给正在研究如何推倒'两个估计'的国家出版局领导班子以强有力的支持。"①

陈原主持的国家出版局调研小组经过调研和查阅有关档案资料查明，"两个估计"是张春桥、姚文元对抗周总理指示炮制出来的。最终，经中央和国务院批准，国家出版局于 1977 年 12 月 3 日至 17 日，在北京召开了全国出版工作座谈会，在这个粉碎"四人帮"后第一次召开的全国性出版工作会议上，着重批判了"两个估计"，王匡在代表国家出版局党组所作的报告中指出，这"两个估计"是"四人帮"在出版战线打击革命干部、打击知识分子、颠倒敌我、颠倒是非的"两根大棒"，是镇压广大出版工作者的"紧箍咒"，一直影响到现在，必须彻底批判，把长期压得抬不起头的广大出版工作者解放出来。②这一结论的出台，标志着长期束缚出版界的思想禁锢已经被打开，正如同在其他文化领域一样，思想解放也成为这一时期出版领域的主

---

①　宋木文：《出版领域的拨乱反正》，《出版史料》2005 年第 2 期。

②　方厚枢、魏玉山：《中国出版通史 9》，中国书籍出版社 2008 年版，第 200 页。

潮流。

1977 年，陈原担任中华书局、商务印书馆（联营）总经理兼总编辑，1979 年担任恢复独立建制的商务印书馆总经理、总编辑和党委书记。1982 年是商务印书馆建馆八十五周年，在馆庆纪念会上，陈原引茅盾给商务的题词"维新大业，数出版先驱，堪称巨擘"，勉励商务同人。他说：

> 在这些先驱者当中，一代文豪茅公（沈雁冰同志），在病中还写下了关于商务印书馆编辑部工作的回忆录，也是茅公，他五年前充满着激情，给商务印书馆八十周年纪念，写下了"维新大业，数出版先驱，堪称巨擘"这样的题词。这自然是茅公的厚爱，过誉之词。我们当以此自勉，学习先驱者，奋发精神，兢兢业业，精益求精，为提高全民族的科学文化水平，做好自己的工作。我们今天向在座的朋友们和同志们，也同时向海内外读书界人士表示，我们力量虽然绵薄，但宣传爱国思想不敢后人，建设精神文明不敢后人，团结知识界人士不敢后人，推进出版事业不敢后人。①

正是在这种"不敢后人"的精神激励下，陈原带领商务印书馆的同人，开启了中国出版史上最著名的思想解放运动之一，即《汉译世界学术名著丛书》的编辑出版。

---

① 陈原：《在商务印书馆八十五周年纪念会上的讲话》，载《陈原出版文集》，中国书籍出版社 1995 年版，第 309 页。

二、风中的蒲公英

（一）汉译名著：一个时代的开端

1982 年，商务印书馆在成立八十五周年之际推出"汉译名著"第一辑五十种。这五十种书，无论从翻译水平还是印制水平来讲，都是当时的高标准，"商务以一个高水平学术性出版社的形象重出江湖"①。当年 2 月 5 日的《人民日报》发表了时任商务总经理兼总编辑的陈原为丛书撰写的发刊词，他说：

> 放在我面前的是 69 册白色布纹纸封面，不同颜色的书脊和封底的《汉译世界学术名著丛书》，这套书的封面装帧庄严而又简洁，封面上只有一朵烫金的向日葵图案，使人觉得他朴实无华，而内容精湛，耐人寻味，看着看着我感到由衷的喜悦，浮想联翩，不能自已。通过这些著作，人们有可能接触到一个迄今为止人类已经达到的精神世界。……今年刊行的这套丛书的第一辑，包括了西方（以至东方）哲学的，思想的，政治的，经济的，社会的，历史的，地理的，以及人文科学一些部门的代表著作，应当说，现在的译本是我们当前所能得到最够格的译本，或者说是优秀的译本，虽则不能说是理想的译本。这套丛书的出版说得大一些，标志着一个时代的开端，因为这是时

---

① 于殿利等：《品牌之道》，商务印书馆 2008 年版，第 114 页。

代的需要。①

这些著作的确使"人们有可能接触到一个迄今为止人类已经达到的精神世界"。陈原对这套书的意义认识很深刻："汉译世界学术名著的陆续刊行，将是振兴中华，建设精神文明的基础工程之一，它将丰富我们的精神生活，开拓我们的眼界，扩大我们的知识面，增进我们的思考力。"② 而这套丛书的出版，也的确"标志着一个时代的开端"，这套书也的确"是时代的需要"。这个新开端的时代，是一个政治上拨乱反正，意识形态上的禁锢逐渐松弛的时代，文化学术的氛围开始浓厚起来。

1984 年，邓小平指示，要花几十年的时间翻译出版世界学术名著，这一指示令学术界欢欣鼓舞，同时学界和社会对西方思想学术的兴趣大大提高，有人甚至称这种对西学的兴趣和热情之思潮为"思想上的洋务运动"。而在出版界已经开始酝酿形成"第二个西学译介高潮"。当时参与汉译名著丛书编辑工作的高崧曾这样感慨："十一届三中全会以后，'大、洋、古'的书不仅又能够出，而且可以很起劲儿地出，出了单行本不算，还会变成丛书出，政治上有如此大转变，大解放，岂不是一件大事！"③ 时任中国社会科学院副院长于光远在商务印书馆八十五周年庆祝大会上的讲话中说：我的许多知识都是从商务印书馆的书里得到的，商务出的书不下 2 万种，当然我

---

① 陈原：《写在〈汉译世界学术名著丛书〉刊行之际》，载《陈原出版文集》，中国书籍出版社 1995 年版，第 300—301 页。

② 陈原：《写在〈汉译世界学术名著丛书〉刊行之际》，载《陈原出版文集》，中国书籍出版社 1995 年版，第 303 页。

③ 高崧：《书外缀语》，《读书》1982 年第 4 期。

们所读到的书是很少的，但是大量的书里产生的影响是很深的。到今天为止，我们仍然要大量地吸收外国历史的和现代的知识，我主张大量地介绍，数量是要重视的，商务印书馆之所以能够产生这么大的影响，是与出的东西的数量关系很大。[①] 由于种种条件的限制，如资金、仓库、出版发行体制等等，这套丛书最初出版时只能配到3100套，用当时陈原的话来说，也许是少了些，但这不要紧，万事起头难。

这套丛书的出版为商务印书馆带来广泛的好评。一位读者这样评论：改革开放之后，商务印书馆不顾艰难，重新上马，如此浩大的工程，品质如此之好，可见老商务的精神依然存在，张元济的旗帜已经飘扬，文明的力量总能冲破人为的罗网，那些为了文明的传承，辛勤工作的出版人们，令人油然而生敬意。读书界则以极大的欣喜和热情迎接这套丛书的出版，有学者以"功德无量"来评价这一出版工程。第一辑出版时，四川大学为培养研究生订购了50套，萨默尔森的《经济学》第一次印13500册，第二次印7000册，都是刚一发行即销售一空。武汉大学和华中工学院得知《经济学》出版的消息，立刻联合行动派出专车，在全市及郊区各书店搜购此书，购得500本，但仍不够两校师生的教学需要。据当时的反馈消息，北大、人大等校图书馆里的这些书，往往被借阅一空。一位复旦大学研究生来信说："我们十分需要你馆出版的《经济学原理》这样的著作，但堂堂复旦大学图书馆，只有这部著作（上、下卷）一套半，没有办法，我们只好排队轮着读，有的学生甚至抄书进行阅读。"当时商务印书馆下令，

---

① 陈原：《在商务印书馆八十五周年纪念会上的讲话》，载《陈原出版文集》，中国书籍出版社1995年版，第307页。

一定要在馆里留下 300 套完整的丛书，以备所需，但由于编辑们实在无法拒绝读者的热情和需求，这些书还是没有被留住。一位学者在博客上这样描述当年阅读这套丛书的体会，他说："从八十年代末以来，我曾有过至少十年的人生低谷，即便是在极为艰难的环境中，哪怕一次次地面临绝境，我都没有放弃过阅读。也正是那些人类文明的精华，支撑起了我精神的天空，使我度过了生命中最黯淡的时光。沿着洛克、卢梭和孟德斯鸠，我千方百计尽一切可能地寻找商务版的汉译学术名著中的绿皮书，或借、或抄、或买，弥尔顿的《论出版自由》，边沁的《政府片论》，约翰·密尔的《论自由》和《代议制政府》，康德的《法的形而上学原理》……"这套丛书的出版也引起了国外学界的注意，并获得好评。1985 年，斯坦福大学政治学教授约翰·刘易斯看到《联邦党人文集》中译本大加赞赏，认为商务出的有关美国政治思想的著作都是重要作品，这是中美文化交流的大事。在与关在汉（《联邦党人文集》的译者，《政治正义论》的校者）交谈后，他认为中国学生读了关译的有关美国政治的著作后，对美国民主的经典著作的了解可能超过斯坦福大学的大多数在校学生。[1]

这套丛书的出版甚至在某种程度上，影响了海外媒体眼中的中国形象。比如 1984 年，商务重新出版了弗洛伊德的《精神分析引论》。这是在"文革"后，中国大陆最早正式出版的弗洛伊德译著，因为涉及性，弗洛伊德的书之前一直被列入禁区。商务甚至举办了一个新闻发布会，表示终于开禁，接着又出版了弗洛伊德的《精神引论新编》

---

[1] 于殿利等：《品牌之道——商务印书馆》，商务印书馆 2008 年版，第 119—120 页。

和《释梦》。外国报刊曾评价此事说，中国能公开出版弗洛伊德了，这说明中国是开放的。①

（二）从"蓝皮书"到汉译名著

陈原在这套丛书的出版中自然是起了重要作用的，但许多人并不知道，在这套丛书之前，陈原就多次"贼心不死"地要出版类似的丛书。沈昌文回忆说：

> 学术界的青年朋友爱怀念张元济、王云五等人在困难时期坚持出学术著作，这当然极其可贵。但是人们可能不了解，我们现在看到的恁多"汉译世界学术名著"，其始作俑者正是陈原。1954 年光景，他领导所谓"蓝皮书"的规划，计划要翻译一亿两千万字的外国学术名著，到 1957 年才中断。以后，他和一些同道"贼心不死"，屡屡打算恢复。"文化大革命"中，包括我在内的革命群众都狠狠地批过他，直到改革开放后方有今日的硕果。②

1954 年 1 月 9 日，由中宣部上报中共中央并经批准的《关于改进人民出版社工作状况的报告》中记录："应在人民出版社内部设立三联书店编辑部。三联书店应当更多出版著作书籍，以便使党员和非党员作者的各种虽然尚有某些缺点，但有一定用处的作品都

---

① 于殿利等：《品牌之道——商务印书馆》，商务印书馆 2008 年版，第 120—121 页。
② 沈昌文：《一个晚辈的感言》，载《陈原出版文集》，中国书籍出版社 1995 年版。

能印出来。此外，许多旧的学者的著作，特别是关于中国历史的各方面材料的整理和考据的著作，对于我们还是有用的，这类著作一般可由科学院出版，但人民出版社和三联书店也可酌量选印。翻译书籍中除马克思列宁主义的著作外，各种古典学术著作也应陆续有译著出版，三联书店可以比较多地出版社会科学其他古典著作的译本。"陈原当时就是这个编辑部的负责人。当时已经由校对升为人民出版社秘书的沈昌文回忆："这期间还做了一件大事，就是陈原亲自领导出版'汉译世界学术名著'。当时也是中央来的指示，要学习日本明治维新时的办法，要翻译出版一亿两千万字的世界学术名著，于是三联就由陈原负责来做，陈原下面主要就是戴文葆和史枚两位，我就协助他们制定计划，做得非常辛苦，定出来的计划我们内部叫'蓝皮书'，因为这个计划的封面是蓝色的。"①

在此计划下，第一部重要的译著为黑格尔的《小逻辑》，随后又出版了黑格尔的《历史哲学》，凯恩斯的《就业、利息和货币通论》，康德的《纯粹理性批判》，等等。原创学术著作有陈寅恪的《隋唐制度渊源略论稿》，陈登原的《国史旧闻》，张荫麟的《中国史纲》，邓之诚的《桑园读书记》，向达的《唐代长安与西域文明》，等等。为了这些书的出版，陈原带队到全国去翻箱倒柜，要老学者把东西拿出来给三联书店出版。这段时间非常短暂，大概在1954年下半年到1957年上半年，沈昌文回忆说："这时期只不过三四年，但是三联书店上极其光辉的时期，甚至可以说是1949年以后中国出版史上的一个光

---

① 邹凯：《守望家园》，生活·读书·新知三联书店2008年版，第20页。

辉时期，那时做的实际上是'改革'和'开放'。"稍后，1958 年恢复商务印书馆与中华书局的业务，以三联书店名义策划和出版的这一系列即被转走。

陈原领导的"蓝皮书"出版规划虽然没有实施完毕，但却在学界和社会引起了巨大反响，为今后汉译名著系列的出版奠定了基础，积累了经验，同时也深刻地影响了三联书店这家出版机构。沈昌文认为，这是学术基因植入三联书店的一次重要机会；董秀玉则认为，非常主流的三联书店这时似乎有了点统战色彩，三联基因以及气质的变迁，这段时间显然不可不察。对于后来成为经济学教授的读者梁小民而言，这一时期三联书店的出版物，让他记住了"三联"这个名字。在自己的回忆文章里，梁小民说，在 1960 年初期的大学时代，"老师告诉我们，考茨基、普列汉诺夫这些人尽管以后'变修'了，但他们早期的一些著作，对宣传和介绍马克思主义还是有意义的，这些书都是以三联名义出版的。于是我就到图书馆借来了考茨基的《土地问题》，普列汉诺夫的《论一元论历史观之发展》、《论个人在历史上的作用的问题》、《阶级斗争学说的最初阶段》，拉法格的《财产及其起源》，一本一本地看起来……1966 年，我们步行去井冈山长征，途经湖北黄冈县时，发现书店有一本卢森贝的《十九世纪四十年代马克思恩格斯经济学说发展概论》，是三联出的，喜出望外，马上买下。从黄冈背到井冈山，又从井冈山背回北京。我们是学生，购买欲望无限，而购买能力有限，于是我给自己定下了一个原则，尽量买三联的书"。①

———————

① 邹凯：《守望家园》，生活·读书·新知三联书店 2008 年版，第 21 页。

（三）崎岖坎坷的汉译名著之路

20 世纪 80 年代有其特殊的时代背景，开放的热潮与"左"倾的思想交错消长，求知热情与旧有意识形态的压力相互交织。尤其是在 80 年代初，大规模地将国外的学术著作结集出版，依然要面临很大的压力。比如三联书店申报《情爱论》选题的 1983 年，正是"清除精神污染"提法最激烈的时候。除了把奇装异服、流行歌曲看成是"污染"，对出版界的要求便是清查从 1980 年以来出版的各种翻译作品。"存在主义"、"荒诞戏剧"等受到批判。到 1984 年，只有三联、商务、社科、新华、世界知识这五家出版社，被允许继续出版翻译"黄皮书"，但数量已经大幅减少。吴彬回忆，1983 年、1984 年的出版领域有许多禁区，性是其一："我记得读书杂志当年就组织过一个讨论，关于区分什么是黄色，什么是爱情，什么是色情？请一些外国文学专家谈《飘》、《简·爱》等名著的爱情片段。在当时的情势下，这种讨论就是涉入禁区的动作了，出《情爱论》这样一本谈爱情的专著简直耸人听闻。"①

陈原曾经也回忆，《汉译世界学术名著丛书》出版伊始，就面临不小的风险和阻力。他说："要知道，八十年代之初出版这样一套学术丛书是要冒风险的，阻力非常大……"② 比如萨默尔森的《经济学》出版，被一些人指责为将这种帝国主义阶段的、内容是反马克思主义的书列为学术名著是没有阶级意识。陈原平和而坚定地回复了丛书出版初期的一些过激的指责言论，他说："不久前，有位教授从我们编

---

① 邹凯：《守望家园》，生活·读书·新知三联书店 2008 年版，第 83 页。

② 侯样祥：《商务百年访陈原》，《中国文化报》1997 年 2 月 11 日。

入丛书的某一种书出发，声色俱厉地说我们是在'误党误国，误人子弟'，我不以为是正确的。不过这种吓人的高调，却也有一丁点儿作用，即提醒我们以后选书，要更加慎重一些。至于有读者抨击这些都是西方资产阶级的'大杂烩'、'破烂货'，那就只好一笑了之，不必回话说其人的脑袋就是一团浆糊了。"①

在 1983 年的"反异化"和清除"精神污染"的运动中，一些报刊发表文章指责商务印书馆在搞"精神污染"，甚至将当时青年的思想混乱，归罪于读了这些西方译著。在上级的压力下，商务组织内部自查，纠正了一些译著出版的细节处理问题，但汉译名著的出版方针始终没有改变，出书也从未停止。1989 年，中国的学术出版虽一时略显萧条，但这一年的年底，商务仍在西山召开了汉译名著选题规划会，邀请各学科专家共同讨论了汉译名著丛书的发展和新的选题规划问题。

商务的《汉译世界学术名著丛书》，与其他一些优秀的译丛，如《走向未来丛书》、《现代西方学术文库》和《二十世纪西方哲学译丛》等一道，推动了 20 世纪 80 年代的阅读热潮和思想启蒙，很多书成为激发中国学界思潮的源头。卢梭的《论人类不平等的起源》和《社会契约论》引导国人思考政治体制的基础，托克维尔的《论美国的民主》和《旧制度与大革命》曾激荡过无数年轻学子的心，黑格尔的《美学》的出版成为当时了解西方美学的主要依据，而黑格尔和康德的著作则哺育了许多日后成为中国学界栋梁的学人。《汉译世界学术名著丛书》在这波西学浪潮中，引领并参与打造了改革开放的

---

① 陈原：《最后一班岗》，载《陈原出版文集》，中国书籍出版社 1995 年版，第 332 页。

思想基础。

三、读书无禁区

（一）陈原与《读书》之缘

《读书》杂志的崛起作为一种文化现象有许多值得研究的地方，尤其是其提出的"读书无禁区"，不啻在文化界划过的一道闪电，为思想界带来了鲜活的气息。陈原无疑是《读书》杂志创办之初的核心与灵魂人物之一。

陈原与读书类杂志颇有渊源。无论是 1935 年的《读书周报》，还是后来的《读书月报》、《读书与出版》、《光明日报》的《图书评论》、出版总署与文化部办的《读书》，以及改革开放后北京办的《读书》杂志，陈原与它们都有或多或少的接触。而三联出版的《读书》杂志，有许多源头都要追溯到陈原与陈翰伯数十年前的理念与思想。据沈昌文回忆，"文化大革命"中，陈原和陈翰伯都是出版界"黑帮"的头头，屡被戴高帽子游斗。特别是在反"复辟回潮"时被认为是出版业"复辟"的主将，革命小将们于是将这二陈名为"CC 俱乐部"。"应当说小将们看得很准，因为其后虽然形势丕变，但凡论及改革开放早期出版界种种兴革，都离不开这'二陈'大名，尤其是提到《读书》和人民出版社、商务印书馆。至少就我在《读书》的经历而言，将此 C 与彼 C 合称，信其不诬也。"沈昌文说：

1954 年，我在人民出版社当校对，忽然奉派到总编室给总编辑们当秘书。当时陈原先生是领导成员之一，我就坐在他对面，如是者三几年，日日受他熏陶。可以说这几年是我一生的出版学徒生涯中收获最多的一段，我称它为我的"研究生阶段"，照这说法，陈先生当然是我的研究生导师了。

现在陈原先生主持《读书》，他的种种主张我听了下来，许多并不陌生。原来 1957 年以前，他们这些解放后中国出版界第一代元老，思想开明的，天天所议论的振兴出版的做法，大多是"以文会友"，"言之成理，持之有故"，"作家是衣食父母"，"开放唯心主义"，"重印解放前学术旧著"，"研究日本明治时期的翻译经验"，"拿来主义"等等，谈及的作家主要是：陈寅恪，陈登原，陈达，张荫麟，陈岱孙，吴文藻等等。这些"话头"，我天天耳濡目染，等于白天黑夜都在给我上新课。可惜的是，到 1957 年话头都给打断，过了二十多年，基本上还是这么些人，又借《读书》杂志把"话头"接上。现在来看情况比较分明，四十年代的一些开明知识分子，提出了关于发展中国思想文化的话头，但他们并没有可能实现自己的理想。（这类"话头"，可能源头还在"五四"，恕我浅学，难以说清其间关系。）五十年代上半期，想接这"话头"，没接上。直到八十年代初，才接上。这几次接"话头"的活动中，陈原先生秉其才干，应当说都是干将或主将。也正是这样，《读书》的资源应该说是几十年前就已准备好的，所以一创办就能办出名声来。[1]

---

[1] 沈昌文：《出于无能》，载《阁楼人语》，作家出版社 2003 年版。

（二）《读书》的诞生

1979 年 4 月创刊的《读书》，已在文化史中成为中国改革开放在思想领域的一个典型象征物，而陈原、陈翰伯与范用，则是应被《读书》永远铭记的三个名字。据范用回忆，大约在 1970 年前后，"陈范集团"在湖北咸宁干校劳动的时候就曾经合计过，如果有机会出去，还是应该继续办一本读书类的杂志。1978 年夏天，三人敏锐地察觉到了一轮思想解放热潮即将到来的气息，于是又开始研究此事。时任国家出版局研究室主任的倪子明回忆说："大家都感觉有很多话要说，想有一个表达的'阵地'，出版界的人都想办个书评刊物。"筹备《读书》杂志期间，陈翰伯是国家出版局局长，陈原是商务印书馆总经理，而范用是人民出版社副总编辑，倪子明来自国家出版局研究室。由此形成一种特别的结构，《读书》编辑部设在人民出版社里面，机构名义属于国家出版局，刊物主办者是国家出版局研究室，主编陈原来自商务印书馆，副主编倪子明来自研究室，属兼任。当时，三联书店并不是一个独立的出版机构，还只是人民出版社的一个编辑部。

《读书》第一期上的"编者的话"，可以说是集中体现了编委会对这本杂志的定位。倪子明回忆说："发刊词的内容是根据陈原讲话的意思，我们写的初稿。""编者的话"里申明："我们这个刊物是以书为主题的思想评论刊物，它将实现为四个现代化、为提高全民族的文化水平而服务。我们这个刊物，以马列主义毛泽东思想为自己的指导思想，坚决贯彻'百花齐放、百家争鸣'的方针，敢于打破条条框框，敢于接触多数读者所感所思的问题。我们主张改进文风，反对穿靴戴帽，反对空话，反对八股腔调，提倡实事求是，言之有物。"董秀玉回忆说，有人担心，思想理论的严肃刊物发行量少怎么办？陈原和范用都表示，再少也要坚持住宗旨，要坚信好书好看，就一定会有读者。

倪子明回忆说："我们差不多每个月在陈原那里开一次会，由陈原主持，陈翰伯有时会来参加。我们漫谈思想界有何动态，如何组稿等，算是小的编委会。……稿件最终是我和范用决定的，我们将定稿送给陈原看，重要的事情向陈翰伯请示。"董秀玉回忆说："陈翰伯当时是出版局领导，在上面全力支持，定方向和方针，是个真正的思想领袖；陈原为主编，出谋划策，出方案出思想，坐镇指挥；范用是最积极的鼓动者，实际组织筹备，并一力担当起刊物的政治责任和出版责任。还有一位倪子明，当时是出版局研究室的负责人，起草报告、调查研究、方案成文，等等，都出于他手，也是创办时的骨干。"[①]

当时陈原从业务层面对《读书》提出了几条具体要求：1.以书为中心，讨论文化思想问题；2.不把杂志往高处拉，要从专门研究的角度退到传播知识的角度；3.改进文风，文章要短，以五千字为限；4.提倡文责自负，以保证作者说心里话；5.有争论而有价值的书，可同时发表不同观点，以增加争鸣气氛。

（三）读书无禁区

《读书》诞生之际正面临着纷繁复杂的社会情势。新华社高级编

---

① 邹凯：《守望家园》，生活·读书·新知三联书店2008年版，第54—55页。

辑陈四益回顾那个年代的真实世界时说："上个世纪七十年代末，戴个墨镜，穿条牛仔裤，就被认为是受了西方生活方式的影响；八十年代初，唱歌用点儿气就成了靡靡之音；八十年代中，披肩发、超短裙都是自由化的表现，有一段时间，披肩发的女子进北京市委，都要给一个发箍，扎成马尾才允许进入。"[1] 在这种现实下，"读书无禁区"——《读书》创刊号上一篇文章的标题，当时自然引发轩然大波，成为事件。

董秀玉回忆："陈原同志在《读书》讨论'创刊设想'时，针对关于刊物性格的一些提法，说'我以为办这个杂志，是为了解放思想，开动机器。介绍知识也是为了这个，没有起码的知识，无从开动机器。'对于创刊号拟写一篇《开卷有益》作一期台柱文章的意见，陈原同志批：'可否即约李××写《读书无禁区》，切中时弊，大胆些，得罪些小人无妨。'并说：'马恩论书，已成六十万言，可否请××写一篇泼辣的文章介绍，从材料出发，讲马恩如何有主义，无成见，博览群书，从不知有禁区，且不做书的奴隶……'。"[2]

这篇文章最初叫《打破读书的禁区》，编委会认为，当时"科学无禁区"的口号很普遍，既然科学可以无禁区，读书也可以无禁区，大家多次商量后，改成了一个简单明了的题目——《读书无禁区》。此文发表后，顿时引来轩然大波。范用回忆说："当时出版主管机关找我谈话，批评《读书无禁区》的提法不妥。我说明此文写在党的十一届三中全会之后，目的是批判'四人帮'的文化专制主义，打

---

[1] 邹凯：《守望家园》，生活·读书·新知三联书店2008年版，第27页。
[2] 董秀玉：《智者陈原》，载陈原：《我的小屋，我的梦》，浙江文艺出版社2005年版，第119页。

破他们设置的精神枷锁。"倪子明记忆里，他们专门就此事向上级部门作过解释说明，虽然未得到处理，"但还是认为口号提得不好，要我们以后注意"。陈翰伯坚持认为，"读书无禁区"的提法没有错，在第二年第一期的《读书》里，陈翰伯亲自执笔著文，重申办刊宗旨，坦荡地坚持"读书无禁区"的主张，并宣告，"探索真理的工作，绝不是一代人所能完成的，听凭某一圣哲一言定鼎的办法更是不足为训，我们愿意和读者一起在激荡的思想海洋里，各自拿出一点智慧来……"①

《读书》此后的道路也并非坦途，但陈原始终不忘初心，坚持办刊宗旨。沈昌文回忆说：

> 　　陈原先生在《读书》提出种种纲领、主张，最后还要审定重要稿件。他为人温和，不如翰伯先生峻急，但在关键问题上也绝不妥协。记得有一位著名的诗人和翻译家，写了感时的旧诗在《读书》发表。某日，我们忽然收到署名"某某办公室"的来信，并附一文，批评说是这些诗反党反社会主义云云。这文章发不发？《读书》众帅反复讨论，最后，陈原老一句名言，获得大家首肯："《读书》的性格，应当是容许发表各种不同意见，但不容许打棍子。"此文经各人反复阅读，认为不是争鸣，而是"棍子"，乃退。《读书》的性格，经过这件大事，我们这些后辈又更加清楚一些。②

---

① 邹凯：《守望家园》，生活·读书·新知三联书店 2008 年版，第 60—61 页。

② 沈昌文：《出于无能》，载陈原：《阁楼人语》，作家出版社 2003 年版。

四、重新发现张元济

（一）从馆歌说起

1997 年，为纪念商务印书馆创立一百周年，香港联合出版集团总裁、香港商务印书馆董事长李祖泽提议，作一首颂歌贺商务百岁。时任商务印书馆顾问的陈原，集中国文化名人、商务老前辈张元济、茅盾、叶圣陶的有关诗词作为歌词，请中央交响乐团作曲家袁音、胡海林谱了曲，完成了颂歌。歌词云：

> 昌明教育平生愿，
>
> 故向书林努力来；
>
> 此是良田好耕植，
>
> 有秋收获仗群才。
>
> 世事白云苍狗，
>
> 风涛荡激，
>
> 顺潮流左右应付，
>
> 稳度过，滩险浪急。
>
> 论传天演，木铎启路。
>
> 日新无已，望如朝曙。
>
> 敢云有志竟成，
>
> 总算楼台平地。
>
> 从今以后更艰难，

努力还需再试。

（副歌）森森兮千丈之松，

矫矫兮云中之龙。

言满天下兮，百龄之躬！

在陈原看来，歌词是历史体验的凝聚，他说，商务以文化积累为己任，默默做启蒙工作，歌词中没有一点自我吹嘘和夸张，曲子平稳，恰如加入文化积累的过程，歌中唱出了心之曲，馆之魂，自然平和，充满希望。

陈原说，第一段歌词取自张元济为商务印书馆同人写的一首七绝："昌明教育平生愿，故向书林努力来，此是良田好耕植，有秋收获仗群才。"词中抒发了世纪之交，一群忧国忧民的智者创办这个出版机构的心情，也表达了一个世纪以来无数仁人志士开发民智、振兴中华的崇高意愿。历史证明这里确实是一片良田，百年来，许多智者在这里耕耘，也正是这块田地，培育了几代学子。第二段集自茅盾为商务写的题词："世事白云苍狗，风涛荡激，顺潮流左右应付，稳度过，滩险浪急。"茅盾如果不是经历过十年浩劫也写不出这么一段话。第三段集自叶圣陶为商务写的贺词："论传天演，木铎启路。日新无已，望如朝曙。"首联回忆百年前，吹起了先行者的号角；第二联提醒后人，要像早上初升的太阳那样，努力去迎接天天出现的新事物。第四段又是张老的词，"敢云有志竟成，总算楼台平地，从今以后更艰难，努力还需再试"，在感叹了前人创业的艰难后，勉励同人还要加倍奋发去实现前辈的心愿。"森森兮千丈之松，矫矫兮云中之龙，言满天下兮，百龄之躬！"这段副歌采自张元济为爱国老人马相伯翁百年华诞写的赞歌，用此祝愿商务像千丈之松那样不衰不老，向云中之龙那样造福人间，但愿商务的出版物传播四方，为祖国和世界的文化文明大厦添砖添瓦。①

这首流传甚广的馆歌中，有一半以上的句子，采自张元济的手笔，从中可以看出陈原对这位商务前辈的敬重。而张元济，正是陈原寻找商务精神的一条重要线索和一个重要象征。

（二）"发现"张元济

1988 年 8 月 4 日，刘光裕致信素未谋面的陈原，并附有《志在报国，德泽千秋——论张元济的思想和事业》一文。刘光裕回忆说，张元济一生与商务印书馆的命运息息相关。陈原在 1977 年至 1983 年任商务总经理兼总编辑，商务陆续刊行张元济资料与馆史资料，盖始于陈原。以商务这些资料为根据，国人终于惊喜地重新"发现"了张元济，其中就有陈原的功劳。只是在人物评价方面，未免瞻前顾后，顾虑重重。刘光裕以为，张元济于国家民族是有大功之人，不能彰显于后代为一大憾事，因此有必要推动学术界清除陈腐观念之束缚，正确评价张元济。陈原曾经主政商务，又是著名语言学家，刘光裕新作完稿后很想听取陈原先生高见，故而冒昧奉寄。

陈原于 1988 年 8 月 9 日回信，明确地对张元济作出了高度评价：②

光裕同志：

八月四日手教并大稿均已拜悉。张元济在中国文化史上的地

---

① 陈原：《我的小屋，我的梦》，浙江文艺出版社 2005 年版，第 125—126 页。

② 刘光裕：《陈原先生关于评价张元济的信》，《出版史料》2009 年第 1 期。

位，很少有人能正确肯定，这是同我们这个社会结构和封闭型的社会思潮有关的。张氏一旦做了企业的头头（不管叫什么衔头），在社会心理上即认他为"商人"——商人这字眼，不像"企业家"在现时那么香，封建社会"士农工商"，排在末位；稍后半封建甚至到了新中国，这种传统思想不见得一下子可以更新。而张氏毕生献给事业，不暇著作，所以连名字也鲜为人知。这正是编辑的难能可贵。即以鄙人而论，我在半个世纪中都致力于编辑出版，只是年过六十以后才因偶然机会写几部语言学专著，否则您也未必知道我的名字。我们八十年代起即出版张氏的日记、书信、诗文，盖以为一代英才，有传播给后人之必要。窃以为在中国近代文化史上有两个人作出重大贡献，一为蔡元培，一为张元济。一个知名，一个不知名。蔡元培的理想和主张，如没有张元济为他实现，恐怕未必能有如此显赫。这两个人实在是中国文化史的一对合作者——可惜这一点也鲜为人知。我正在设法觅取张蔡通信（可惜有些教授不太热心公开资料，故难以传开）公开发表，再找人研究，以便给这一段文化史还它个本来面目。拙编"商务九十年大事记"，即以文化史为线索，以张氏为中心。此书你看到否？乞示知，如无，当寄上一册。尊文已读。去年的文章（论编辑活动）未见，有副本乞寄一份来。此两文我亦希望在适当地方发表。

　　匆此布复，并致

敬礼

陈原

88.08.09

　　此前，商务已在陈原主持下整理出版了张元济的大量著作，为张元济研究工作提供了重要资料。陈原对张元济的介绍和研究，也引起了学界以至中央的重视。1991 年，陈原为《张元济年谱》撰写了万余字的序言，《读书》杂志第 9 期将其压缩成六千字，并以《中国知识界的骄傲》为题发表。此文引起了胡乔木的重视，并致信陈原说："陈原同志，近读《读书》所载你所写的《张元济传》序，内中说到张曾与蔡元培、高梦旦合编《修身教科书》，后又著《中华民族的人格》，这两种书我都未见过而很想看，如果你方便，可否设法找这两种书送我看后退还。张传出版时，亦望给我一册。"①

　　陈原评价说，张元济先生不只是一个有远见、有抱负、有魄力、有管理头脑的中国近代出版家，而且是一个承继了中国知识界几千年来忧国忧民、救国救民的优良传统，实质上是中国近代一个爱国知识分子和思想家的先行者。他还认为，正是张元济奠定了商务印书馆的出版风格：编教科书——编工具书——整理古籍——介绍西学，"通过这样的四位一体出版媒介以振兴中华，这就是张元济和蔡元培经过痛苦的探索得出的一条路，一条知识分子为民族解放献身的路。张元济、夏粹芳、高梦旦主持下的商务印书馆头三十年走的就是这条路，而张本人则为弘扬传统文化作出了更多的贡献，在张元济壮年时期，整理出版古籍是爱国思想的具体实践"②。

　　陈原同时认为，单靠某个人，也决不能撑起一个机构。一个出

---

① 陈原：《胡乔木同志与商务印书馆》，载《陈原出版文集》，中国书籍出版社 1995 年版，第 430 页。

② 陈原：《〈张元济年谱〉代序》，载《陈原出版文集》，中国书籍出版社 1995 年版，第 375 页。

版社需要一组核心成员，这组人员可称为"导航人"。他最早发现三联书店具有这种特征。他说："当我初入出版界，很天真，也很幼稚，我直觉地认为，生活书店只要有一个邹韬奋就能够起飞了。我初入新知，后来才去生活。我在生活工作时，邹韬奋已经辞世了，其实我从未见过他，但我钦佩他，甚至崇拜他。我做了二十年工作，然后知道生活书店如果只有一个邹韬奋是起飞不了的，还必须有一个徐伯昕。一邹一徐，然后事业才能兴旺起来。但直到那时我还没有觉悟到仅仅邹、徐奋力苦干，生活书店也只能'厕身'书林，而它本身决不能成为'乔木'。又二十年，我才隐隐感觉到，在这两个志士背后，还有一个表报上看不见的人物，那就是胡愈之。直到胡愈之辞世，我才顿时发现，生活书店的'腾飞'，其实是一邹一徐一胡。胡愈老亲口跟我说过，他在生活书店什么职务也没有，什么名义也没有，但很多事情都有他的轨迹。即如把生活办成一个合作社性质的人民文化机构，这章程也是他起草的。但把这种设想变成现实的则有邹有徐，这个看不见的人物在生活书店是胡愈之。'胡愈之'可能是一个真实的人，也可能意味着一群人，而这一群人是先进的思想者，他们或者是松散的组合，或者是紧密的结合，视具体条件而定，总之需要这么一个或一群思想者在那里导航。"

陈原将这种结构，放在商务印书馆身上去比对。他说："证之对中国近代文化教育有过重大影响和作用的商务印书馆，其道理也是如此。有一个时期，我曾以为商务印书馆只因为有了张元济，才能从零生长起来，成为有声有色的大事业。只要有一个张元济，便能创造出一个商务印书馆。——正如没有经历过本世纪头三十年的一般人，以为商务就是王云五，王云五就是商务。商务之所以能成为商务，因为有个王云五，有个王云五就能创出一个商务。直到八十年代初，很少人知道创业艰难时期，幸赖一个张元济。这些且不去管它。我说的是只要有一个张元济（或者后来人们所说，只要有一个王云五），商务印书馆就能腾飞，这种认识其实只是合乎表面的实际，或者说合乎实际生活的表层。近年人们知道张元济了，但又忘记了与他合作无间的夏粹芳。张元济说过，是夏把他拉到商务来的，他们合作了十二年（1902—1914年），用张元济的话说，是两人'情意相投'，真可谓到了乳水交融的地步——一个张元济，加上一个夏粹芳，这就奠定了商务印书馆腾飞的基础；其后的'黄金'时期全凭这坚实的基础。1914年夏被暗杀，如果没有高梦旦，仅仅一个张元济，也很难支撑这个刚刚开始'腾飞'的局面。从1902年到1926年——这可说是商务的'黄金'时刻——经历了辛亥革命和'五四'运动，其后还经历了'五卅'爱国热潮，商务在这多难的时代中，对中国文化教育科学事业，确实作出了难以估量的贡献。这是历史已经证明了的，但是在探索商务的馆史时，往往忽略了一个'看不见'的人物，即蔡元培。蔡元培是商务的精神支柱，蔡元培——精确地说——不是一个人，他代表着上个世纪末到本世纪头一个时代先进的智者群。商务印书馆的张元济——夏粹芳（高梦旦）——蔡元培，正像生活书店的邹韬奋——徐伯昕——胡愈之。这样的'结构'，也只有这样的'结构'，一个出版机构才能在'书林'中成长为'乔木'；只有如此，才能'腾飞'。如果没有这种'结构'，无法想象令人目眩的'腾飞'。"[1]

可以说，对张元济的重新发现，不仅是陈原对出版界的一大贡

---

[1] 陈原：《总编辑断想》，载《陈原出版文集》，中国书籍出版社1995年版，第501—503页。

献，更是他为自己树立的一个标杆，为自己树立的一个"虽不能至，心向往之"的精神偶像，更是他对自己因爱国而投身出版的一生的回顾和总结。正如他在《张元济年谱》的序言中所说："一条红线贯串在这部年谱中，那就是爱国主义的红线。在这一点上，张元济可以说是中国知识界的骄傲。"①

---

① 陈原：《〈张元济年谱〉代序》，载《陈原出版文集》，中国书籍出版社 1995 年版，第 375 页。

陈原（左）和叶圣陶在一起（1982 年）

陈原在使用电脑工作（1994 年）

陈原在家中（1995 年）

《汉译世界学术名著丛书》出版260种座谈会（1996年）。前排左五为陈原

《陈原文存》

陈原书话类作品

《记胡愈之》

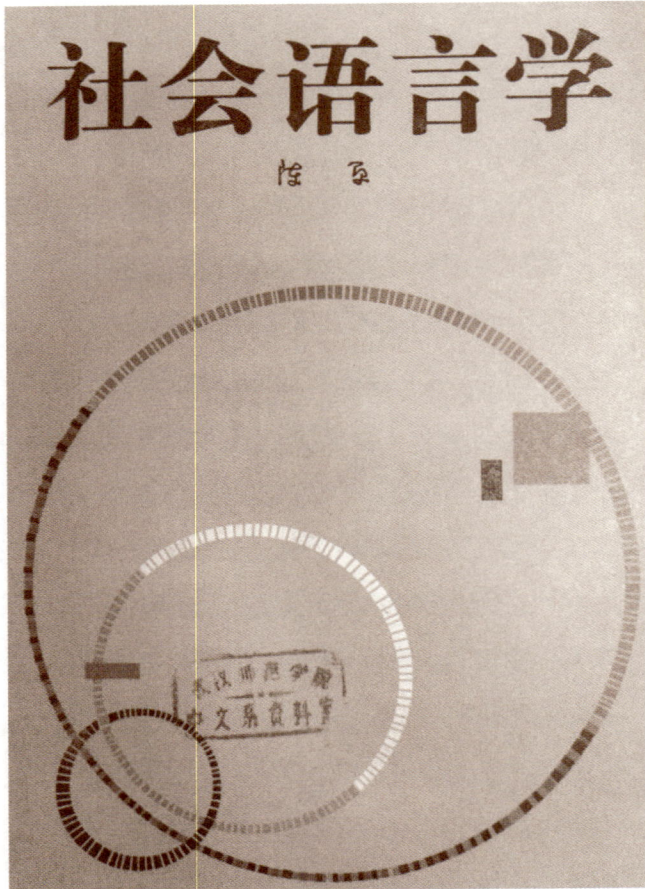

《社会语言学》

第五章

千丈之松云中龙

　　总览海内外杰出出版人的出版实践，觉其出版思想有诸多共通之处，少有惊人之语或惊人之举，其能做出一番成绩，无非是遵循了出版作为人类重要文化活动的基本规律，将文化追求放在至高地位，并致力于文化与经济的平衡发展。子曰："知之者不如好之者，好之者不如乐之者。"陈原对出版不仅知之、好之，更是乐此不疲地在出版实践中将自己思考得来的出版规律加以运用，其出版思想虽无甚高深奥义，却能紧密契合我国出版实际，符合产业规律。故其思想虽平易，行之却不易。

一、改革精神与战略思维

陈原的改革精神贯穿一生，其中尤以改革开放时期最为显著。20世纪80年代，中国社会的改革大幕正缓缓拉开，企事业单位的改革一时成为社会热点。1981年，敏锐的陈原就满怀热忱地起草了《改革十点方案》，在商务印书馆领导小组中议论过，"但因为改革一事，一个单位是做不出来的。有领导说，你们改了，左邻右舍怎么办？只好将方案搁下，未发给下面讨论"[①]。在这份改革方案中，陈原提出了许多超前的建议，如：将改革视为一场革命，改革必须是由少数先进分子发动的，不用等所有人都同意才实施；企业要独立核算，自负盈亏，实行领导责任制；要给企业充分的人、财、物管理权限；企业内部可以实行包干；等等。引人注意的是，其中提到了总经理负责制："组织班子：上级只包给一个人，由这一个人组成一个班子，上级领导唯这个人及其班子是问"；提到了激励机制："除工资外，加发奖金，奖金分等，打破平均主义……工资或可采取基本工资加职务津贴加浮动奖金办法"；提到了项目制："编辑分包作家"……这些提法虽不甚明确，却已触及后来出版改革的核心层。

虽然这份方案最终搁浅，但陈原还是在实践中探索推进。在《最后一班岗——我在商务印书馆做了的和没做的》一文中，陈原提到："发奖真难，因为我连一元钱也无权支配，如果体制不改革，企业主持人连一元钱也不能用在正当用途（发奖），那么企业是办不好的。

---

① 《陈原出版文集》，中国书籍出版社1995年版，第298页。

1981年我提出要对在出版界连续工作三十年以上的同志发奖状和奖品，大家都赞成；我接着提出除我以外凡在1949年底及1949年以前参加出版（包括印刷发行）工作而没有间断过的，都发奖。1982年1月发了第一批，共25人。"在这篇文字中，陈原明确提出"体制改革是头等大事"，包括人事体制、财政体制、印刷发行体制，等等。

1987年，为庆祝商务印书馆成立九十周年，陈原撰写了《商务印书馆九十年》，再次提及改革。他在文中提出，能不能建立出版——印刷——发行综合体（集团）来提高自己的竞争力？需否改造自己的内部结构来提高生产力？能不能冲破目前低水平的读者服务机制？能不能装备现代化器材、实行办公自动化？能不能及时广泛地获取海内外学术信息作为决策依据？……这些问题，直到今天，无论是对商务印书馆还是对整个出版业，仍然具备参考价值。

陈原出版思想最突出的一个特征，就是对战略的高度重视，这可能也是计划经济体制下出版产业领军人物的共同持质之一。1993年初，陈原应香港联合出版集团总裁李祖泽的邀请在集团内部作了一次演讲。在这篇名为《总编辑断想》的讲话中，陈原举了几个战略敏感性的案例：

> 辛亥革命前夜，张元济看不到民国兴起后的市场趋向，把日趋兴盛的商务印书馆一下子推向失败的边缘；而从他手下杀出来的陆费逵，却比这位伟大的智者对未来的市场具有更大的敏感，拉出小小的队伍便成了大气候，这便是中华书局，与商务对峙了整整一个大陆的"中华民国"时代。……三十年

代"企鹅"丛书的老板阿伦（Allen），以一包香烟的价钱买了一本平装书的新"措施"，在最保守的英国掀起了纸面平装书的热潮。①

陈原认为，出版是一个系统工程，决策者必须全局在胸，不失时机地协调子系统的衔接运动。具体到一个出版企业，如果没有一个切实可行的长期规划，领导班子和全体员工就看不见远景，甚至会迷失奋斗方向。因此，1980 年第一季度，陈原在摸清了商务印书馆的总体情况后，在 4 月 18 日的干部会上，作了题为《去年（1979）情况，今年（1980）安排和五年（1980—1984）设想》的报告，"这时，只有这时，上下左右（包括我自己）对未来的五年间该做什么，怎样做，才比较明确了。实践证明，这个规划大部分都如预想地实现了——当然也在实践中有所修改"②。

关于出版长期规划，陈原认为：

一是要有历史延续性，同时必须体现出这个时期以及更长时期内的主要任务。1984 年，党中央负责同志提出，要在五十年或者更长的时期内，把世界各国的学术名著翻译出版。为此，商务印书馆根据中央规定的方针任务制定了七年长期出版规划。6 月，陈原给全馆编辑出版干部作了《关于编制长期出书规划的几点意见》的长篇讲话，明确提出商务印书馆今后一个时期的重点任务，就是做好《汉译世界学术名著丛书》，这一点要在今后的规划中延续下去。

二是规划必须是一种体现方向的具体设想，是经过一个时期认

---

① 陈原：《总编辑断想》，载《陈原出版文集》，中国书籍出版社 1995 年版，第 515 页。
② 陈原：《最后一班岗》，载《陈原出版文集》，中国书籍出版社 1995 年版，第 329 页。

真的努力，有可能实现的，较为有系统的项目系列。他说，规划搞得太浪漫主义，看上去好像很能"振奋人心"，其实是实现不了的，那就没什么价值。规划应该是现实主义的，经过努力可以实现的；规划是实事求是的，而不是为了好看的；规划是做了调查研究，估量了形势作出的决策；规划是奋斗目标，是出版单位在一定期限中努力的方向。

三是规划要体现自身特色，用好自身的竞争优势。陈原认为，商务印书馆的特点之一就是出版工具书，"我们这里搞了几十年工具书，应当发挥这种优势，无论编辑、校对、设计都有这种优势。如果我们考虑到这个优势，那么我们完全有理由设想我们可以搞语文工具书的同时逐步搞一些学术性的工具书。也可以认为，我们每一个编辑室、每一个门类的学科都应当设想自己的工具书……搞各学科的工具书应当是我们发挥优势的一项战略任务。我想，我们可以有这样的气魄，'舍我其谁'？日本三省堂在马路上树立起一块牌子，'辞书是三省堂'。意思是你要找辞书吗，'三省堂'！商务也要有这个气魄"①。

四是规划要体现时代精神，要有时代气息，要有创新精神。陈原提出，除了重视已经成名的作者外，还要多加注意中青年作者，他们未必比老作者差；除了主流学科外，还要多加注意边缘学科，当时国内刚刚接触到的信息论、控制论、系统论等，都引起了陈原的注意；除了注意西方之外，还要多加注意东方和第三世界国家，等等。

---

① 陈原：《关于编制长期出书规划的几点意见》，载《陈原出版文集》，中国书籍出版社 1995 年版，第 346 页。

二、日出一书：多出书，出好书

在 1979 年 8 月主持商务印书馆不久，陈原就在内部会议上专门谈了出书规模的问题，并提出了"日出一书"的目标。

"日出一书"是 1932 年商务印书馆被日军炸毁后，王云五提出的一个口号，并在《申报》以广告形式刊登，在商务印书馆的历史上乃至中国出版史上都有着深远的影响。王云五谈道："出版家的职责当不断地以新著作贡献于读书界，如果我们复业后的二三年专印重版的书，无异成为一·二八以前商务印书馆的贩卖所或印刷所，至少在这二三年内不能认为是出版家。所以去年（1933 年——笔者注）复业之初，我即决定保留一部分力量专供新出版物之用。自去年十一月一日起，宣布每日出版新书一种的计划，同时并复刊东方杂志等四种定期刊物。当我宣布这计划时，便有不少的同事怀疑我自不量力，也有些人以为我没有就营业着想。我认为日出新书一种不过是最低限度的一项贡献。"① 陈原于 1980 年重提"日出一书"，背景之一就是新书出版规模的不足与改革开放所带来的对新知的需求之间的矛盾。陈原在一次讲话中说："到今天为止我们仍然要大量地吸收外国历史的和现代的知识。自从粉碎'四人帮'以后，尤其三中全会以来，我们抛弃了锁国政策。……（对于国外的知识）我主张大量地介绍。数量是要重视的，商务印书馆之所以能够产生这么大的影响，是与出的东西的数量关系很大。"②

---

① 王云五：《商务印书馆与新教育年谱·上》，江西教育出版社 2008 年版，第 442 页。

② 陈原：《在商务印书馆八十五周年纪念会上的讲话》，载《陈原出版文集》，中国书籍出版社 1995 年版，第 307 页。

陈原在讲话中说："衡量一个出版社办得好坏，首先看什么呢？我认为首先不是看它赚了多少钱，而是要看它出了多少好书。具体地说，出书品种是不是符合自己的方针任务？是不是当好'伯乐'，发现了'千里马'？出书的质量是不是达到当时的思想水平和学术水平？……日出新书一种，在商务这样的大出版社，要求不算过分。……王云五时做到了，我不相信我们就做不到。我们设想，如果假日节日除外，全年要出书（初版及重版）306 种，才能号称'日出一书'。我想，去年我们出书 210 多种，今年也差不多，如果加一把力，我们就有可能到 1982 年（建馆八十五周年）时做到'日出一书'，假如 1982 年不行，到五年终了即 1984 年就一定要达到，也一定能达到。达到了有什么意义？那就意味着增加品种，大家都知道我们学术书籍品种还是大大不够的。"①

根据这个意见，从 1982 年开始，《光明日报》第四版左下角每周一就会出现一则广告，"商务印书馆——日出一书·本周书目"。这个广告也引起了业界的普遍关注。有人就评论说："今年一月开始，《光明日报》图书广告栏中，每周有一次商务印书馆的'日出一书·本周书目'的广告，刊登六本书目。从这几年全国图书出版情况看，出书品种不断增加，有的出版社每年出书总计，已经达到或超过'日出一书'的水平。但这样宣传介绍，建国以来还是仅此一家。在三十年代，商务印书馆就曾在《申报》头版上刊登'日出新书一种'的广告。那时，全国出版图书每年接近一万种，商务每天能有一本新书出版，在出版界中也可称得上佼佼者。今天，全国每年出书两万多种，当然比

---

① 陈原：《商务印书馆的出书规模和质量问题》，载《陈原出版文集》，中国书籍出版社 1995 年版，第 294 页。

旧中国时多得多了，但是从读者的需要来看，还需要进一步丰富。"①

在重视出版规模、"多出书"的同时，陈原还强调要"出好书"，出版社必须有"保留书目"。"至于保留书目，对一个出版社来说，是头等重要的事；没有保留书目，就不能有文化积累。如果我们出一本书，'扔'一本书，那么，办出版社就没有什么成效了。所谓'扔'……一是内容经不起考验，出了一版就没有生命力了；二是内容还不完善，如果出版后听取评论者、研究者、读者的意见加以修订重版，那就是可以保留的书目了，如果因不完善而废弃，那就等于'扔'了；三是质量虽不错，但是出版部门发行部门谁也不管它，让它自生自灭，久而久之人家也记不起出过这部书了，这也等于'扔'掉。无论哪一种情况，都是对文化积累不利的。……出了书就经常关心它，完善它。"只有多出新书，同时保有一定规模的畅销书目，才称得上是一个优秀的出版企业。在《总编辑断想》一书中，陈原将此升华为出版家和出版企业的终极追求。他总结道，对于出版这个系统工程来说：

> 此时此地，我们系统工程的原动力是一种对自己的民族，对自己的家园，或者扩而大之，对整个社会进步的爱和关注。没有这种"爱"，没有这种"关注"，就缺乏启动和驱动的原动力。所以张元济以"开发民智"、"振兴中华"为己任，所以他和他的同事们在长达数十年间，在荆棘丛生的漫长道路上，在风风雨雨的日子里，从未间断（至少在主观意志上）推动这个事业前

---

① 上官雯：《从"日出一书"谈起》，《出版工作》1982 年第 4 期。

进。……出版家梦寐以求的则是将精神财富变为物质财富。……
没有原动力的系统工程是没有生命力的，没有后继力的系统工程
在那里往前不断推进，生命将会完结。[①]

三、品质至上

陈原认为，办好一个出版社，首先就要讲究出书质量。但质量不
是抽象的，而是有具体的体现：

> 首先体现为选题质量。出书的目的性要非常明确，目标读
> 者、目标市场要在出版之前就非常清晰，不能做"风派"。"不能
> 单纯因为有人想写，想译，你就不假思索地列入选题计划。也不
> 能因为它可以赚钱，就出；不赚钱，就不出。当然更不能像几年
> 前那样，赶'风'。我们切不可当风派。……如果你提出要出这
> 本书而不知道为什么该出这本书，那么你先用用脑子，查查书，
> 请教别人，然后作出判断，再决定是否列入选题计划。"[②]

其次要抓好书稿质量。书稿必须持之有故、言之成理。同时要
辩证对待：对于那些研究水平已经很高的学科，书稿质量就必须高一
些；而对于新学科、边缘学科，则不能过于苛求。他还特别强调，不

---

①　陈原：《总编辑断想》，辽宁教育出版社 2001 年版，第 31—33 页。
②　陈原：《商务印书馆的出书规模和质量问题》，载《陈原出版文集》，中国书籍出版
社 1995 年版，第 295 页。

能因为编辑或编辑部的学术观点与作者不同，而贬低书稿质量。

最后要重视出版质量。陈原认为，出版质量与书稿质量是不同的，前者除了包括后者外，还涉及序言、出版说明、目录编排、索引、插图、校对、封面、装帧等诸多要件。他尤其强调序言和索引。"序跋以及出版说明，要从多年来的'序言八股'中解放出来，要从政治标签的八股文中解放出来，要从打棍子的咒语谩骂中解放出来。我们出过一本英国前首相麦克米伦先生的回忆录，出版者序言把他骂得狗血喷头，说是帝国主义的辩护士呀，垄断资产阶级的看门狗呀，等等，反正骂得很难听。这位前首相来了，中央领导同志接见了，他提出要中译本，害得我们连忙撕去序言，另外装订几本送给他。给读者交代作者的立场观点是应该的，对某些学术著作完全可以有批评性或商讨性的序言，但是不要开口就骂人……骂不好，捧就好么？也不好。我们主张实事求是，不要动廉价的打骂吹捧感情。"[1] 至于索引，陈原主张编辑必须学会做，不但学会，还要乐于做索引——"这是无名英雄的事，但这是值得称赞的事"[2]。

陈原特别强调，出书质量不是检查出来的，高品质的图书靠的是编辑认真细致的艰苦劳动，"绝不是几个编辑室主任或总编副总编'检查'提高的。对三审制可以有种种不同的理解，但不能以为实行三审制质量就一定提高了。把关是需要的，但单纯把关决不能提高质量。……提高出书质量最主要的担子落在责任编辑（责任校对，责任

---

[1] 陈原：《商务印书馆的出书规模和质量问题》，载《陈原出版文集》，中国书籍出版社 1995 年版，第 296—297 页。

[2] 陈原：《商务印书馆的出书规模和质量问题》，载《陈原出版文集》，中国书籍出版社 1995 年版，第 297 页。

美术人员）身上……这是实践作出的结论"①。

为保证出书品质，在陈原的坚持下，《辞源》曾附上正误表，不料因此引起了风波。《辞源》第一分册出版后，在陈原建议下，商务印书馆组织专人又检查了一遍，列出了54处由于种种原因引起的误植，印成第一分册第一次印刷正误表附在第二分册送给读者。"不料1981年5月引起首都某报公开批评，认为这证明'编校质量低劣'，'极不负责'，简直不可容忍。为此，上级领导机关再次着令商务印书馆'作出像样的检查'。这样的批评令我十分惊讶，始作俑者是我，我以为做了一件应当做的，对人民极端负责任的好事，谁知竟导致编辑部一片不愉快。我不认为这批评是对的。我同语言学界前辈聚会时将这事提出请教他们，我不知错在何处，他们的反映是极强烈的，他们认为，我们在第二分册附第一分册正误表，说明了我们极端负责认真严肃的态度。"②

四、开放心态与市场意识

难能可贵的是，陈原对出版事业一直保持一种开放的心态。1979年6月17日到7月1日，应英国出版家协会的邀请，中国出版代表团首次访问英国，陈原作为副团长，在回京以后举办了大型的汇报

---

① 陈原：《商务印书馆的出书规模和质量问题》，载《陈原出版文集》，中国书籍出版社1995年版，第297页。

② 陈原：《〈辞源〉修订本问世抒怀》，载《陈原出版文集》，中国书籍出版社1995年版，第319页。

会，在这次汇报里，他专门提到，在英国给他印象最深的，就是两个英文词，一个是 competition，一个是 computer。他说，听到"竞争"这个词的时候，"我们总觉得有点儿骄傲，因为我们不是生活在大鱼吃小鱼的社会里，当然也启发我们，在我们的制度下弄得不好会产生另外一种毛病——干好干坏一个样。但我们听到后一个字时，脸上总觉得有点儿惭愧之色，特别听到人家说，你们伟大的中国发明了纸，我们才有可能搞出版，这使我们心中的确不是滋味"①。

当时，陈原注意到了西方出版业发展的一个大趋势，那就是出版集团的形成。他认为，近几十年的趋势是结成出版集团，"几个出版单位结成一个集团，这无疑是为了提高竞争能力，我们接触过的大公司都带有出版集团性质，有些还是跨国公司"。陈原注意到，"英国出版物约有 43 % 是销行外国的，主要销到讲英语的国家……例如上面提到的，帕盖蒙公司，就是一个跨国的出版社，他在英国叫有限公司，在美国注册叫公司，在加拿大叫加拿大的帕盖蒙有限公司，在澳大利亚、法国、西德都有同一牌号的公司。可见其力量的雄厚，足以同别的出版社竞争"②。陈原说这些话时，距离我国最早一家出版集团的成立，还有二十多年。

除此之外，陈原还注意到了文字编辑与组稿编辑（策划编辑）分工的必要性；注意到了版权保护的重要性，尤其是加入国际版权公约的必要性；注意到了平装书对海外出版市场的拉动作用；等等。但最令其念念不忘的，还是计算机技术有可能给出版业带来的革命性变化："电子计算机从六十年代开始进入出版界，这预示着很多方面的

---

① 陈原：《访英观感》，载《陈原出版文集》，中国书籍出版社 1995 年版，第 214 页。
② 陈原：《访英观感》，载《陈原出版文集》，中国书籍出版社 1995 年版，第 216 页。

工作都要发生一场革命。但现在即使在英国，电子计算机在出版界的应用也还是新事物，看来规模较大的单位才有配置的能力。但科学技术的变革是飞速发展的，电子计算机有很强的生命力，在出版界应用的前景是很有希望的。在我们中国的出版界目前当然还排不上日程，因为采用电子计算机是同整个国民经济发展水平密切联系的，单独一个出版单位是用不成的。"① 在访问期间，朗曼出版集团、帕盖蒙出版社、大英图书馆、剑桥大学、企鹅公司的计算机技术，都引起了陈原极大的关注。对计算机技术在出版业的应用，陈原后来在许多重要场合不止一次地谈到。

陈原的这种开放心态还体现在日常的经营管理中。比如他主政商务印书馆期间，就定下了一条原则：要创造并利用一切可能的条件，使商务印书馆的工作人员有机会短期或者长期到海外去开阔眼界。他认为，增加这笔支出换来开阔眼界是十分值得的。对于借调干部，他也持支持态度，认为是人家帮自己培养干部。陈原还定下了一个原则，从 1982 年 6 月 12 日起，每星期一上午 8 点商务印书馆都要开碰头会。这样除了重大问题和党内、人事问题要开领导小组会讨论决定之外，很多事情，特别是业务工作方面就在碰头会上妥善解决，"看来碰头会这种比较松散的会议，当然也非清谈俱乐部，不失为争取党外人士参加领导，解决日常工作问题的一种方法"②。

陈原具有很强的市场意识，同时对市场意识的看法是辩证的。

他认为，没有市场观念，就没有出版业的现代化。如果没有市场观念，出版社就势必为生产而生产，不知道公众的需要，也就不能

---

① 陈原：《访英观感》，载《陈原出版文集》，中国书籍出版社 1995 年版，第 216 页。
② 陈原：《最后一班岗》，载《陈原出版文集》，中国书籍出版社 1995 年版，第 338 页。

生产出公众所需要的东西，其结果就必然导致"晒鱼干"现象。在他看来，市场观念不是虚无缥缈之物，而是在实际生活和实际调查的基础上，加以认真的比较研究和理性的推断，最终形成正确的市场预测和市场评估。但只是调研还不够，因为抽样调查只能给出有限的数据，出版人还必须对这些数据进行正确的处理。他说："看不见当前的市场需要，就等于瞎了眼乱闯，看不见市场的未来，那就是近视眼，要赶快戴上近视眼镜了。"①

但他同时也强调，市场观念是很重要的，甚至是极重要的，"但市场观念决不等同于市场导向"。他说，也许提加强市场观念比之提市场导向更为有利些，"我始终认为像出版这种系统工程，决策者加强市场观念是十分重要的，但我始终怀疑我们这样的系统工程是否必须依循市场导向。""以开发民智和积累文化为目标的出版家，绝不100％的服从这个市场导向。他必须有十分深刻的市场观念，还不只此，他还要有更大的抱负，即在某种形式下（或者说，具备一定条件的现实环境中），他要'导向'市场——即诱导市场，也就是创造一些条件，采取一些有效的措施，把读者诱导到他出书的方向上去，当然这需要有远见，有魄力的大手笔。"②

陈原的这种观点，就是我们现在一再强调的出版业的社会效益和经济效益的关系。如何处理好这两者的关系，尤其是在内部考核与分配机制上，建立起一套与之相匹配的办法，或者指标体系，目前仍没有得到有效的解决。但是陈原在当时特别指出，出版社不能只出亏本的书，但出版社也绝不能只出赚大钱的书，每一本书有每一本书的作

---

①　陈原：《总编辑断想》，辽宁教育出版社 2001 年版，第 52 页。
②　陈原：《总编辑断想》，辽宁教育出版社 2001 年版，第 50—52 页。

用，"那种把利润指标分给每一个编辑的做法是不可取的，连资本主义经营也不能允许的，且不说对于文化和文明只能（或者极有可能）造成负面的影响，这样分指标本质上还是僵化了的计划经济模式所遗留下来的可笑的残余。"①

而这，无疑是值得我们深入思考的。

陈原的出版思想内涵丰富，远不止上面提到的这些。他的主要思想，集中体现在一本薄薄的小书《总编辑断想》里。沈昌文在此书的"后序"中说，这本书实际上是一个极有智慧的老人从事出版一个多甲子的经验总结。"陈老为文，明白如话，兼以幽默风趣，这种他经常指点我们的'可读性'，恕我直说，有时也有一个副作用，这就是有的论点容易为读者轻轻放过。鄙人在这里以已追随此公数十年的旧部的资格奉劝读者，千万慢慢地耐性读，不要放过书中的微言大义。"② 其实，大道至简，真正有价值的思想，从来都不因其明白晓畅而损减其价值；真正有价值的思想，也从来都不因知音不多而损减其价值。

---

① 　陈原：《总编辑断想》，辽宁教育出版社 2001 年版，第 53 页。
② 　陈原：《总编辑断想》，辽宁教育出版社 2001 年版，第 82 页。

陈原编辑出版大事年表

1918 年

5 月 23 日，生于广东新会。

1931 年　13 岁

读到《中学生》杂志上关于世界语的文章，开始学习世界语。

1932 年　14 岁

叶籁士在上海主编世界语刊物《世界》，发起世界语运动。不到 15 岁的陈原经常给这个刊物投稿，和叶籁士通信。

1935 年　17 岁

10 月 20 日，中山大学踏绿社召开社员大会，改选领导班子，陈原被选为编辑股长。

12 月 15 日，踏绿社在中山大学石牌新小刚落成的文学院礼堂举办的大规模集会，纪念柴门霍夫诞辰。

1936 年　18 岁

1 月，编辑出版油印世界语刊物《地狱》。

春天，写信给日本大阪外国语学院川崎直一教授，征得同意后开始翻译其语言学著作，该著作是对托尔斯泰小说《爱之所在即神之所在》的语言学评注。

是年，翻译美国铁木辛科教授的《弹性力学》。

1937 年　19 岁

4 月，陈原与余获用笔名获原出版《广州话新文字课本》。

11 月，创办世界语月刊《到新阶段》。

是年，与安偶生合编世界语杂志《国际团结》。

是年，翻译苏联空军战歌《高飞，高飞，更高飞》。

1938 年　20 岁

7 月，中山文化教育馆出版其《抗战与国际宣传》。

10 月 21 日凌晨 1 点，随四战区一个民运机关撤离广州。

12 月，撰写长篇通讯《广东民众在紧急动员中》，发表于香港《星岛日报》。

是年，和余获等创办世界语杂志《中国报导》。

是年，翻译苏联战歌《假如明天战争》，并发表于夏衍主编的《救亡日报》。

是年，与同学联合编辑新知书店的《国际英文选》杂志。

是年，毕业于中山大学工学院土木工程系。

1939 年　21 岁

3 月，在桂林参加新知书店编辑部工作。

9 月，与余荻、余虹似、黄迪文合编《新歌初集》，由新知书店出版。

10 月 2 日，中华全国文艺界抗敌协会桂林分会成立，陈原被选为候补理事。

秋天，结识戏剧家焦菊隐，担任焦菊隐导演的夏衍话剧《一年间》的语言顾问，主要任务是将剧本的白话文改为粤语和壮语，并事先写出方言剧本。

12 月，翻译《1918 年的列宁》（兹拉托戈洛瓦、卡普勒著）。

是年，担任《少年战线》杂志编委，每期写一篇科普文章。

是年，在曲江创办《反侵略周刊》，在广东省内每期发行五六千份。

1940 年　22 岁

是年，在上海言行出版社出版译作《1918 年的列宁》。

是年，由新知书店出版其《中国地理基础教程》，1943 年看到此书的延安版。

是年，为《反侵略通讯周刊》每期写一篇国际评论，笔名为"观察者"，坚持了两年时间。

是年，在曲江创建中苏文化协会省级分会。

1941 年　23 岁

2 月，译作《波兰烽火抒情》（《新生命的脉搏在跳动》）由香港孟夏书店出版。

4 月，中苏文化协会广东分会出版其《苏联的电影戏剧与音乐》。

6 月，出版《苏联名歌集》。

是年，出版《二期抗战新歌初集》，署名陈原、余荻，书中有陈原根据大家讨论写作的《中国新音乐运动之史的考察》一文。

1942 年　24 岁

1 月，上海文化供应社出版其译作《苏联儿童诗集》。

4 月 15 日，重庆建华出版社出版其译作《不是战争的战争——巴黎陷落前后》。

9 月，曲江图腾出版社出版陈原、余荻合编《新歌三集》。

10 月，主编的《量规虫》、《青铜的骑士》、《沙逊的大卫》由桂林萤社出版。

1943 年　25 岁

7 月，由桂林实学书局出版陈原、余荻编《二期抗战新歌续集》，土纸本。

9 月，桂林实学书局出版其《世界地理十六讲》。

10 月，桂林实学书局出版其《外国语文学习指南》。

是年，在新知书店在广西桂林设立的实学书局工作。

是年，编辑《世界文学连丛》。

1944 年　26 岁

1 月，重庆五十年代出版社出版其译作《劫后英雄记》。

4 月，曲江正光书局出版其《世界形势新讲》。

1945 年　27 岁

1 月，与余荻合编《抒情名歌选》，实学书局出版。

4 月，五十年代出版社出版其译作《巴尔扎克讽刺小说集》。重庆文风书局出版其译作《地主之家》。

5 月，五十年代出版社出版其编辑的《书摘》。

9 月，重庆国际文化服务社出版其译作《人生的战斗》。

是年，经营《民主世界》杂志，任总编辑，左恭任总经理。冯雪峰开始在《民主世界》发表《新寓言》。

是年，创办《书摘》杂志，出版了三期或四期。

是年，重庆建国书店出版其《世界地理基础》。

1946 年　28 岁

年初到达上海，为《联合晚报》撰写文章，陈翰伯是报纸总编辑。陈原在报纸开设《天下纵横谈》专栏。

3 月，开明书店出版其《现代世界地理之话》。

5 月，新知书店出版其译作《丹娘》。

8 月，《战后新世界》由实学书局出版。

冬，译作《造物者悲多汶》由香港人间书屋出版。

是年，实学书局出版其《外国语文学习指南》。

是年，生活书店在上海迈尔西爱路霞飞路口开张，包括陈原在内共有 5 名编辑，其余为胡绳、沈志远、史枚、戈宝权。史枚主编一本图书介绍刊物，是为《读书与出版》的前身。

是年，筹备由渝迁沪的《民主世界》杂志的复刊工作。

是年，周恩来同志在马斯南路办事处跟留沪的文化界人士话别，那天被邀请的大约有五六十人，陈原在场。

是年，生活书店总管理处撤离上海。胡绳和徐伯昕撤走前，要陈原留下接替史枚，继续把《读书与出版》编好。

1947 年　29 岁

3 月，开明书店出版其《现代世界地理之话》。

4 月，上海生活书店出版其译作《狗的故事》。

5 月，致用书店出版其《世界地理基础》。

6 月，开明书店出版其《平民世纪的开拓者》。

6月，实学书局出版其译作《世界合唱名歌》。

7月，生活书店出版其《世界政治手册》。

10月，三联书店出版其译作《现代世界民主运动史纲》。

11月，生活书店出版其《世界政治手册》。

12月，在香港生活书店翻译出版福斯特的《新欧洲》。

是年，《时代日报》开辟国际评论栏目，陈原以"观察者"的笔名为该栏目撰文。

1948 年　30 岁

3月，生活书店出版其译作《科学与日常生活》。

5月，上海世界知识出版社出版其译作《美国与战后世界》。

6月6日，周恩来发电给香港中共工委章汉夫，再经胡绳转达生活书店、读书出版社、新知书店负责人，即"将三联工作人员及编辑人员主力逐渐转来解放区，资本亦尽可能转来"。

6月，生活书店出版其《世界政治地理讲话》。

8月，生活书店出版其译作《我的音乐生活》。

10月18日，三联书店临时管理委员会成立，开始撤退人员，陈原亦随队撤离。

12月，与他人合译《论现代资产阶级艺术》，由上海时代书报出版社出版。

是年，光华书店出版其《国际常识小辞典》。

年底以前，《读书与出版》宣布停刊，停刊启事与生活、读书、新知三家书店停业启事同一天登在上海各大报上。陈原随后到达香港。

1949 年　31 岁

1月，生活书店出版其《变革中的东方》。

6月，编译的《战后美国经济剖视》在三联书店出版。

6月，与他人合译《美国外交官真相》，香港新中国书局出版。

7月，译作《金元文化山梦游记》由香港新中国书局出版。

11月，译作《苏联的新道德教育》由三联书店出版。

12月，译作《苏联新地理》由上海海燕书店出版。

冬，译作《莫斯科性格》由上海世界知识出版社出版。

是年，到达天津。加入中国作家协会。

1950 年　32 岁

1月，生活·读书·新知三联书店出版其《战后美国经济剖视》。

4月，译作《捷克斯洛伐克共和国宪法》由中华书局出版。

8月3日，参加上海市公私营出版业座谈会情况报告。

11月，译作《斯大林改造自然计划》由海燕书店出版。

是年，参加编写国家教材初中外国地理。

1951 年　33 岁

2月，译作《苏联学校的地理教学》由三联书店出版。

3月，译作《亚洲人民民主国家地理——朝鲜·越南·蒙古》由海燕书店出版。

3月，与余蕙昭合作编译的《苏联及其十六个加盟共和国地理》由海燕书店出版。

4月19日，在编译局参加"'五四'谈翻译"座谈会，叶圣陶主持会议。

5月，译作《欧洲人民民主国家地理》由海燕书店出版。

5月，译作《人类改造自然》由三联书店出版。

8月，三联书店被撤销，并入人民出版社，后在人民出版社内部成立三联书店编辑部，陈原担任编辑部主任，既是三联副总编辑兼主任，同时又是世界知识出版社的副总编辑，负责编辑《世界知识》杂志和《世界知识年鉴》。1954 年世界知识出版社合并到人民出版社。人民出版社成立了一个五人领导小组，曾彦修是组长，陈原是成员之一。

10 月，世界知识出版社出版其《美国军事基地网威胁着世界和平与安全》。

冬天，被派到国际书店，协助华应申搞"三反"运动。

1952 年　34 岁

5 月 2 日，《出版总署关于国际书店改归出版总署直接领导的通报》中，任命总署发行管理局副局长华应申兼任国际书店经理，薛迪畅、陈原为副经理。

11 月 20 日，总署发行管理局副局长华应申、国际书店副经理陈原与朝鲜商业省代表进行谈判，达成中朝图书报刊贸易合同、报纸杂志贸易合同。

11 月底，陈原担任人民出版社第二编辑室主任，第二编辑室主要负责马恩列斯著作的编校工作。

11 月，《可爱的祖国》由上海华东人民出版社出版。

1953 年　35 岁

3 月，中华全国科学技术普及协会出版其《苏联的自然环境及其改造》。

7 月 22 日，中央宣传部在中南海庆云堂召开《斯大林全集》编译和出版计划讨论会，陈原出席会议。会上提出："考虑将陈原同志由国际书店调回人民出版社专任马恩列斯著作编译室主任，另由中国图书发行公司调一老干部代替陈原担任国际书店的副经理职务。"

8 月前后，《人民出版社关于目前工作情况及今后方针的报告（第一次修正稿）》中记录："自子野同志病后，现有副总编辑和编辑室主任共 10 人中，除仅来办公半天的陈原同志外，没有一人识俄文。"

9 月 4 日，参加中宣部在中南海庆云堂召开的讨论改善儿童读物出版状况和苏联文艺书籍出版分工问题的会议。

12 月，编成《列宁文集》七卷本并出版，起草《出版者说明》。

是年，加入中国共产党。

1954 年　36 岁

任人民出版社副总编辑、三联书店编辑部主任。

访问开封、武汉、长沙、南昌、南宁、桂林和广州，了解著译力量并联系作家。

1955 年　37 岁

在曾彦修、王子野倡议下，陈原在人民出版社负责拟订一些编辑工作制度，当时被称为出版社工作的"根本法"。

1956 年　38 岁

2 月，译作《地理学》由人民出版社出版。

7 月底，和叶籁士、张企程组成新中国第一个正式派出的世界语代表团，经苏联飞往哥本哈根，8 月 4 日至 11 日在丹麦开会。会后回到莫斯科，跟苏联世界语者会谈多次。

1957 年　39 岁

9 月，编著《谈谈社会主义农业的多种经营》，由浙江人民出版社出版。

是年，任文化部出版局副局长。

1958 年　40 岁

3 月 10 日—15 日，文化部在上海召开全国出版工作跃进会议，陈原作了《关于稿酬》的发言。

5 月，为文化部起草《关于地方出版社应当注意积极地出版理论研究著作，革新技术的科技著作和群众文艺作品的通知》，以（58）文陈出字第357号公文发布。

是年，主持上海举办的一次印刷跃进会议。

1959 年　41 岁

文化部出版局副局长陈原主持编写《出版工作十年》，后因"反右倾"运动未能完成。

1960 年　42 岁

1月，撰写修改《中央宣传部关于加强和改进出版中国古籍和翻译出版外国学术和文艺著作问题的意见》。

1961 年　43 岁

胡愈之要陈原多抓抓出书的事情。5月，胡愈之召集陈原、包之静、王益、陈翰伯、金灿然、王子野等在四川饭店聚会，讨论策划《知识丛书》的编辑出版事宜。5月中旬，中宣部召开部长办公会议，讨论该丛书出版事宜。陆定一、周扬等发表意见。8月3日，《知识丛书》编委会在人民大会堂举行，陈原是编委之一。丛书由人民出版社、人民文学出版社、中华书局、商务印书馆、世界知识出版社和科学普及出版社共同承担。

是年，受胡愈之启发，陈原设想编印民国总书目，并将任务交给出版局所属版本图书馆。图书馆经过调研，做了一些著录样张，完成了很多卡片，但因"文革"半途而废。

1962 年　44 岁

5月3日，在文化部召开的全国图书发行工作会议上作报告。

6月，文化部出版局起草报告，准备成立出版工作者协会，送到中央有关部门，并得到了口头批准。

6月24日，中宣部下文，规定世界语协会归对外文委和文化部双重领导，陈原担任协会秘书长。

9月至10月间，文化部商请中国人民政治协商会议召开一个全国性的出版座谈会，讨论成立一个群众组织即出版工作者协会的问题。

12月，《书林漫步》由上海人民出版社出版。

是年，《知识丛书》已出版30多种。

1963年　45岁

3月18日—6月5日，陪同胡愈之去江苏做调查研究。

7月21日，举办世界语对外宣传工作展览，陈原负责组织筹备工作。25日，陈毅及夫人参观展览。胡乔木、姚依林、楚图南等前往参观。

7月25日，举办第一次全国世界语座谈会，陈原负责组织筹备工作。陈毅到会并讲话。

1964年　46岁

下半年起，陈原和文化部同事一起，开始整风。

1965年　47岁

5月1日前夜，进驻文化部帮助整风的工作组通知陈原，整风告一段落，陈原可以参加工作了。不久后陈原被告知，出版局的会议、文化部的会议以后不必参加。陈原随后被派到农村读物出版社蹲点。

1967年　49岁

4月29日，文化部、民盟中央、文改会和世界语协会四个单位联合揪斗胡愈之，陈原陪斗。

1969 年　51 岁

9 月 27 日，被下放到湖北咸宁文化部五七干校。

1972 年　54 岁

6 月，被任命为中华书局、商务印书馆（联营）负责人。

是年，商务印书馆修订出版《新华字典》。

1973 年　55 岁

1 月 16 日—2 月 23 日，在出版口领导要求下，陈原组织召开三次座谈会，论证古籍整理和世界名著翻译出版工作。

3 月前后，中央批准世界语协会由国务院科教组领导。胡愈之任理事长，陈原任秘书长。

5 月，出版《现代汉语词典（试用本）》。

8 月 9 日，随中国代表团参加在东京举行的日本全国第 60 届世界语大会。

1974 年　56 岁

3 月，姚文元发起针对《现代汉语词典（试用本）》的大批判运动。

1975 年　57 岁

5 月 23 日—6 月 17 日，"中外语文词典编写出版规划座谈会"在广州召开，并于 7 月 16 日向国务院报送《中外语文词典十年规划（草案）》。陈原调去"出版口"做这次会议的筹备工作，并参与审议 160 部词典的规划。

是年，因《现汉》事件，被调离中华书局、商务印书馆（联营），成为"无业游民"。

1977 年　59 岁

5 月，王匡主持国家出版局工作，决定成立出版工作调研小组，由陈原主持，范用、宋木文协助。

8 月，担任商务、中华（联营）临时党委书记兼总经理总编辑。

11 月 1 日，商务印书馆在长沙会同广东、广西、湖南、河南四省区联合举办《辞源》协作第四次扩大会议。陈原代表国家出版局《辞源》修订工作领导小组做了长达七小时的讲话，提出要划清词典工作中的十个界限。

12 月 3 日—12 月 7 日，召开全国出版工作会议，陈原在会上作《驳所谓"三十年代黑店"论》的长篇发言。1978 年初，中央党校内部出版的《理论动态》刊发此文摘要，胡耀邦同志指示《人民日报》于 1978 年 2 月 3 日刊登原文。

1978 年　60 岁

担任商务印书馆总编辑兼总经理。

1979 年　61 岁

4 月 10 日，召开中华、商务新老同人座谈会，建议海峡两岸中华、商务同人携起手来共同搞好出版业务。

4 月，《语言与社会生活》由香港三联书店出版。

6 月 17 日—7 月 1 日，应英国出版协会邀请，以陈翰伯、陈原为正副团长，宋木文为秘书长的中国出版代表团一行 10 人访问英国。

8 月 11 日，商务印书馆恢复独立建制，陈原被正式任命为商务印书馆总经理、总编辑、党委书记，国家出版局党组成员。

8 月，接待牛津大学出版社词典部总编辑伯奇菲尔德博士，这是商务印书馆在新时期第一次与国外学术界、出版界接触。

9 月 27 日，陈原为《辞源》（修订本）第 1 卷出版在北京国际俱乐部举行座谈会，胡愈之、叶圣陶、王力、陈翰伯、白寿彝、吕叔湘、张友渔、任继愈、王子野等到会发言。

12 月 20 日，中国出版工作者协会成立。中国出版工作者协会筹备组负责人陈原在大会上作了关于协会筹备工作情况的报告。12 月 21 日，协会理事会举行第一次会议，推举胡愈之为协会名誉主席，陈翰伯为主席，徐伯昕、黄洛峰、王子野、边春光、许力以、陈原、马飞海、王璟、周永生为副主席。

1980 年　62 岁

春天，受聘担任《译林》杂志编委。

11 月，《汉语大词典》编委会在杭州召开第二次会议，陈原到会发表三次讲话，提出编词典是圣人的苦役。解决了编者对编纂模式的怀疑，坚定了词典出版的信心。

是年，提出编印《中国出版年鉴》，同年出版《中国出版年鉴》。在商务印书馆干部会上作《去年情况、今年安排和五年设想》的报告。

1981 年　63 岁

12 月 18 日，参加在北京召开的《汉语大词典》编委会第三次会议并发表讲话。

1982 年　64 岁

1 月，出版《汉译世界学术名著》第一辑 50 种。

2 月 5 日，应人民日报理论部之约，发表《写在〈汉译世界学术名著〉刊行之际》。

2 月 11 日，在北京人民大会堂举行商务印书馆建馆八十五周年纪念会。

12月，《海外游踪与随想》由湖南人民出版社出版。

1983年　65岁

8月，《社会语言学》由上海学林出版社出版。

辞去商务印书馆总编辑、总经理，任商务印书馆顾问。

1984年　66岁

1月1日，在《辞书研究》发表《〈辞源〉修订本问世抒怀》。

3月，与沈仁干以中华人民共和国观察员身份在墨西哥出席第二十二届国际出版家大会。

5月，在《出版工作》发表《最后一班岗——我在商务印书馆做了的和没做的》。

6月，《书林漫步——续编》由三联书店出版。

8月29日—9月1日，筹备召开全国第三次世界语座谈会。

秋天，在社科院筹建语言文字应用研究所。

是年，陈原调离商务，到中国文字改革委员会主持工作，任副主任。在商务兼任顾问，继续抓外国学术名著的规划。

应加拿大政府邀请，去渥太华考察术语信息库。

1985年　67岁

1月10日，文化部出版事业管理局发出关于设立三联书店筹备小组的通知。三联书店筹备小组组长：陈原；副组长：刘杲、吉少甫、范用。

6月，《辞书与信息》由上海辞书出版社出版。

1986年　68岁

7月26日—8月1日，第七十一届世界语国际大会在北京召开，陈原负责筹备工作。

是年，中国文字改革委员会改组为国家语言文字工作委员会，陈原担任委员兼副主任，仍担任中国社会科学院语言文字应用研究所所长。

是年，主编《商务印书馆九十年（1897—1987）大事记》。

1987 年　69 岁

2 月 11 日，应《人民日报》（海外版）之约，撰写《商务印书馆九十年》。

是年，编纂出版《商务印书馆大事记》。

1988 年　70 岁

8 月中旬，与夫人余荻同商务职工一起到北戴河度假。

11 月，《社会语言学专题四讲》由语文出版社出版。

12 月，《人和书》由三联书店出版。

1989 年　71 岁

12 月，主编的《现代汉语定量分析》由上海教育出版社出版。

1990 年　72 岁

9 月 15 日，撰写《我在人民出版社的时候》。

是年，从国家语委退休。

1991 年　73 岁

5 月，《社会语言学论丛》由湖南出版社出版。

6 月，《在语词的密林里》由三联书店出版。

是年，获国务院颁发的特殊贡献者证书。

1992 年　74 岁

6 月，《中国语言与中国社会》由日本株式会社大修馆书店出版。

10 月，《记胡愈之》由香港商务印书馆出版。

1993 年　75 岁

12 月，《现代汉语用字信息分析》由上海教育出版社出版。

1994 年　76 岁

6 月，三联书店出版其《记胡愈之》。

7 月，《书和人和我》由三联书店出版。

12 月，《语言和人》由上海教育出版社出版。

是年，译作《柏辽兹——十九世纪的音乐"鬼才"》由香港三联书店出版。

1995 年　77 岁

6 月，《陈原出版文集》由中国书籍出版社出版。

是年，《隧道的尽头是光明抑或光明的尽头是隧道》由牛津大学出版社（香港）出版。

1996 年　78 岁

3 月，《黄昏人语》由上海远东出版社出版。

1997 年　79 岁

2 月，《陈原散文》由浙江文艺出版社出版。

12 月，《汉语语言文字信息处理》由上海教育出版社出版。

12 月，《对话录：走过的路》由三联书店出版。

1998 年　80 岁

1 月，《陈原书话》由北京出版社出版。

2 月，《陈原语言学论著》由辽宁教育出版社出版。

4 月，与陈实合译的《贝多芬：伟大的创造性年代》由三联书店出版。

1999 年　81 岁

担任《赵元任全集》编委会主任，撰写前言。

2000 年　82 岁

7 月，《新语词》由语文出版社出版。

10 月，《遨游辞书奇境》由商务印书馆出版。

12 月，《界外人语》由商务印书馆出版。

2001 年　83 岁

4 月，《总编辑断想》由辽宁教育出版社出版。

5 月，写作完成《我的小屋，我的梦》，2005 年 6 月由浙江文艺出版社出版。

7 月，《拍马屁和马屁精》由香港明窗出版公司出版（后改名《重返语词的密林》由辽宁教育出版社出版）。

2004 年　86 岁

获中国韬奋出版荣誉奖。

10 月 26 日，陈原因病去世。

参考文献

陈原：《记胡愈之》，生活·读书·新知三联书店 1994 年版。

《陈原出版文集》，中国书籍出版社 1995 年版。

陈原：《界外人语》，商务印书馆 2000 年版。

陈原：《总编辑断想》，辽宁教育出版社 2001 年版。

陈原：《隧道的尽头是光明抑或光明的尽头是隧道》，商务印书馆 2002 年版。

陈原：《往事漫忆》，《思慕集——怀念胡绳文辑》，社会科学文献出版社 2003 年版。

陈原：《我的小屋，我的梦》，浙江文艺出版社 2005 年版。

陈原：《人和书》，生活·读书·新知三联书店 2006 年版。

陈原著，于淑敏编：《陈原序跋文录》，商务印书馆 2008 年版。

方厚枢、魏玉山：《中国出版通史·中华人民共和国卷》，中国书籍出版社 2008 年版。

高崧：《书外缀语》，《读书》1982 年第 4 期。

侯样祥：《商务百年访陈原》，《中国文化报》1997 年 2 月 11 日。

李梅甫：《李易安同志与实学书局》，《出版史料》1991 年第 4 期。

李文：《胡愈之在重庆》，《出版史料》1990 年第 2 期。

刘光裕：《陈原先生关于评价张元济的信》，《出版史料》2009 年第 1 期。

于殿利等：《品牌之道——商务印书馆》，商务印书馆 2008 年版。

商金林：《叶圣陶年谱长编》（第三卷），人民教育出版社 2004 年版。

上官雯：《从"日出一书"谈起》，《出版工作》1982 年第 4 期。

沈昌文：《阁楼人语》，作家出版社 2003 年版。

邹凯：《守望家园》，生活·读书·新知三联书店 2008 年版。

宋木文：《出版领域的拨乱反正》，《出版史料》2005 年第 2 期。

《王仿子出版文集》，中国书籍出版社 1996 年版。

王仿子：《忆陈原》，《中国出版》2005 年第 11 期。

王云五：《商务印书馆与新教育年谱·上》，江西教育出版社 2008 年版。

吴彬：《为您奏响〈欢乐颂〉》，《中华读书报》2004 年 11 月 10 日。

俞筱尧：《解放战争时期新知书店出版工作回顾》，《出版史料》1993 年第 1 期。

翟颖慧：《不该被忘却的音乐理论家——陈原音乐史事考》，《交响——西安音乐学院学报》2009 年 9 月。

《张元济全集》第 2 卷，商务印书馆 2007 年版。

《中华人民共和国出版史料 2》，中国书籍出版社 1996 年版。

《中华人民共和国出版史料 3》，中国书籍出版社 1999 年版。

《中华人民共和国出版史料 4》，中国书籍出版社 1999 年版。

《中华人民共和国出版史料 5》，中国书籍出版社 1999 年版。

《中华人民共和国出版史料 6》，中国书籍出版社 1999 年版。

《中华人民共和国出版史料 7》，中国书籍出版社 2001 年版。

《中华人民共和国出版史料 8》，中国书籍出版社 2001 年版。

《中华人民共和国出版史料 9》，中国书籍出版社 2004 年版。

《中华人民共和国出版史料 10》，中国书籍出版社 2005 年版。

《中华人民共和国出版史料 11》，中国书籍出版社 2007 年版。

《中华人民共和国出版史料 12》，中国书籍出版社 2009 年版。

《中华人民共和国出版史料 13》，中国书籍出版社 2009 年版。

《周恩来年谱（1898—1949）》（修订本），中央文献出版社 1998 年版。

朱希：《抗战时期桂林文化城和桂林远方书店的几点回忆》，《出版史料》1993 年第 1 期。

后　记

　　写作这篇后记时，北京还在一片初春的寂静之中。窗外，亮了一夜的路灯渐次熄灭，东方已现日出前的红色霞光。看着刚刚完成的书稿，心中感慨颇深，却又难以言之于口——正如陈原先生，他这跌宕起伏的一生，亦不是这本小小的传记可以概括、可以勾画、可以写透的。

　　年少时，读过不少激人奋进的人物传记，如罗曼·罗兰的《巨人三传》，书中的贝多芬、米开朗基罗和托尔斯泰在人生忧患困顿的征途上，为寻求真理和正义，为创造表现真善美的不朽杰作，所经历的挣扎，所付出的艰辛，所投入的激情，所经历的迷茫，都令人难以忘怀；再如欧文·斯通年仅 26 岁时的成名之作《渴望生活》，书中对凡·高悲惨而辉煌的人生的描述，令我在震惊、震撼之余辗转反侧于无数个深夜，最终要听着唐·麦克林的歌曲 *Vincent* 才能入睡；更不用提《史记》中的那些精彩人物传记，让人久久不能释卷，百读不厌，常读常新。虽然陈原先生的一生也是精彩纷呈，但我却才力有限，写不出这样精彩的传记——这也是我对陈原先生最大的愧疚。但我们在本书的写作过程中，尽量做到了客观真实，所有材料均采自陈原先生的回忆文章，或同事、朋友的文章。我们还从各种材料之中，整理了陈原先生的年谱，当然这个年谱还是很简略的，但有助于读者对其生平有个概略的纵览。希望后来者能以此为基础，写出更好的作品，以慰这位为中国出版业贡献了毕生心力的老人的在天之灵。

本书是团队合作的成果。第一章、第二章由蔡长虹女士执笔，第三章由张婧女士执笔，前言、第四章、第五章、年表由仝冠军执笔，全书由仝冠军统稿。沈强先生为本书搜集了重要资料，并为前言的写作提出过宝贵意见。人民出版社的编辑们，为本书的写作和出版也付出了不少心血，在此一并致谢！

统　　筹：贺　畅

责任编辑：卓　然

封面设计：肖　辉　孙文君

版式设计：汪　莹

图书在版编目（CIP）数据

中国出版家．陈原／仝冠军，蔡长虹，张婧 著．—北京：人民出版社，2018.3

（中国出版家丛书／柳斌杰主编）

ISBN 978－7－01－018413－5

I.①中…　II.①仝…②蔡…③张…　III.①陈原－生平事迹　IV.① K825.42

中国版本图书馆 CIP 数据核字（2017）第 256995 号

中国出版家·陈原

ZHONGGUO CHUBANJIA CHEN YUAN

仝冠军　蔡长虹　张　婧　著

人 民 出 版 社 出版发行

（100706　北京市东城区隆福寺街 99 号）

北京盛通印刷股份有限公司印刷　新华书店经销

2018 年 3 月第 1 版　2018 年 3 月北京第 1 次印刷

开本：710 毫米 ×1000 毫米 1/16　印张：16.25

字数：200 千字

ISBN 978－7－01－018413－5　定价：48.00 元

邮购地址 100706　北京市东城区隆福寺街 99 号

人民东方图书销售中心　电话：（010）65250042　65289539